好みの★形★味★デコレーションに！

ケーキ作りの
アレンジテクニック

クレーヴスィーツキッチン
熊谷 裕子

旭屋出版

はじめに

本のレシピを見ながらいろいろなケーキを上手に作れるようになっても、自分好みの味に変えたり、本とは違う型で作り変えたりするのは難しいもの。お菓子作りに慣れた上級者でも「レシピ本どおりのケーキしか作れない」と思っている方、多いのではないでしょうか。

そこで、本書ではおすすめのレシピを詳しくプロセスを追って説明し、まずはそのまま作れるようにご紹介。つぎは、街のパティスリーに並ぶようなスタイリッシュなデコレーションや魅惑的な組み合わせのフレーバーに、あるいはもっと手軽でシンプルな組み立てと仕上がりに、というような"**自分好みにアレンジ**"して応用できるコツをご紹介します。

「型をかえたときの分量の計算方法は？」「フレーバーをかえたときは、ほかの材料の分量もかえる？」など、アレンジするうえでの疑問を、具体的なレシピを交えながらていねいに解説します。失敗しやすいポイントは、例を挙げながら徹底的に解説するので、はじめてアレンジに挑戦する人でも安心して取り組めます。

さらに、プロのパティシエが愛用する新タイプの型や口金の使い方もご紹介します。最新デコレーションを取り入れれば、仕上がりがもうワンランクアップします。

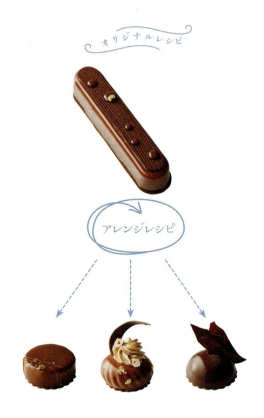

本書をお使いいただくにあたって

材料について
・砂糖は、上白糖とグラニュー糖のどちらを使ってもかまいません。「粉糖」「グラニュー糖」と指定している場合は、そのとおりに使用してください。
・卵はLサイズを使用します。目安として卵黄20g、卵白40gです。
・生クリームは動物性乳脂肪分35％または36％のものを使用してください。
・生地を伸ばすときに使用する打ち粉は、基本的に強力粉が適しています。なければ薄力粉でも結構です。

道具について
・量にあったボウル、泡立て器を使ってください。量が少ないのに大きな器具を使うと、卵白や生クリームなどがうまく泡立たないことがあります。
・オーブンはあらかじめ指定の温度に温めておきます。
・焼き時間、温度は家庭のオーブンによって多少異なることがありますので、必ず焼き加減を確認して調節するようにしてください。

お菓子の冷凍について
・冷凍して型抜きするムースやババロアなどは、冷凍の状態で2週間保存可能です。ラップをして密封袋に入れるなど、2重にカバーし、乾燥と匂いがつくのを防いでください。
・冷凍したまま仕上げるレシピは、完成品を2～3時間冷蔵解凍してから召し上がってください。

Contents

Part.1 04 かんたんにイメージチェンジ
自分好みの形にアレンジ

 フェイム
08 Feime

 フレゼリク
15 Frederik

 エリン
22 Elin

 デズリー
28 Dez-Lee

 サントノーレ・オ・バナーヌ
36 Saint-honoré aux bananes

Part.2 44 バランスを整えるのがおいしさのコツ
自分好みの味にアレンジ

 アミ
50 Amis

 ヤニス
56 Yanis

 アネット
63 Anette

 テオ
68 Theo

 アルベルト
75 Arbert

Part.3 83 アイデア次第でバリエーションは無限大
自分好みのデコレーションにアレンジ

 イレーヌ
86 Ilène

 ジーナ
92 Gina

 レジーヌ
98 Régine

 リンジー
104 Lindsy

 レーピン
110 Repin

 ドゥー・パレ
117 Deux Palais

コラム

最新デコレーションを可能にする
43 新世代の道具たち

82 チョコレートのアレンジは失敗のもと！

デコレーションをさらにランクアップ
124 チョコ飾りにチャレンジ

126 ケーキを美しく仕上げるプチテクニック

127 基本パーツの作り方

Step 1
かんたんにイメージチェンジ
自分好みの形にアレンジ

すでに持っている型や、お好みのすてきな型を使って、いろんな形のケーキを作ってみましょう。分量を変えたり、組み立て方を少し変えるだけで、気軽にイメージチェンジできる初級編のアレンジです。めずらしいフォルムや、最新の型にもチャレンジしてみると、今までとは違うスタイリッシュなケーキが作れます。

サイズを変える

1人用サイズのプティガトーを数人で食べるアントルメサイズに変えたり、その逆もできます。型のサイズを変えるだけなので気軽にトライでき、がらりと印象を変えられます。

型のサイズが変わると、元のレシピの分量では、多すぎたり、少なすぎる場合があります。そんなときは、型の体積を計算して、その体積比を割り出せば、必要な分量が分かります。（計算方法は次のページ）

フォルムを変える

シンプルな丸形や四角形から、変形にするだけで、プロが作ったようなスタイリッシュな印象に生まれ変わります。変形の型は複雑な形のものが多く、ムースを角までしっかり入れたり、型抜きするときも欠けないように慎重さが必要だったりと、組み立てにはやや注意が必要です。

サイズによって味や食感のバランスが変わることも

ケーキの種類によっては、大きさや形を変えることで、味や食感のバランスも変わることがあります。たとえば、タルト。大きなサイズで作ると、生地に対してクレーム・ダマンドなどのフィリング（具材）の割合が大きいので、しっとりとした焼き上がりになり、小さなサイズでは生地の割合が大きくなるので、サクサクとした食感が強調されます。それぞれによさがあるので、形のアレンジで生まれる味の変化もぜひ楽しんでみてください。

また、形に合わせて生地の厚みやフィリングの量を調節すると、バランスのよい味に仕上がります。この本では、それぞれのお菓子に合わせたアレンジのコツを紹介しているので、参考にしてください。

サンプルレシピでチャレンジ

分量を計算してみよう

実際の型の体積を計算して、分量と個数の割り出し方を練習してみましょう。

型のサイズ

元のレシピ

直径12cm、高さ5cmのセルクル型

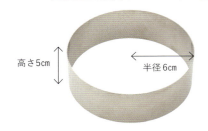

高さ5cm　半径6cm

アレンジレシピ

直径6cm、高さ3.5cmのセルクル型

高さ3.5cm　半径3cm

1 体積を計算する

元のレシピとアレンジレシピ、それぞれの型の体積を割り出します。

計算式
- 丸型の場合：半径×半径×3.14×高さ＝体積
- 四角型の場合：縦辺×横辺×高さ＝体積

実践
- 元のレシピ：半径6cm×半径6cm×3.14×高さ5cm ＝体積565.2cm³
- アレンジレシピ：半径3cm×半径3cm×3.14×高さ3.5cm＝体積98.91cm³

2 体積比を計算する

厳密に体積を割り出すのは難しいので、おおよそで計算します。

計算式：大きいほうの型の体積÷小さいほうの型の体積＝体積比

実践：
元のレシピ565.2 ÷ アレンジレシピ98.91 ＝約5.7
↓
元のレシピ1：アレンジレシピ5.7

つまり、元のレシピ1個分の分量で、アレンジの型で5個分が作れて、少しあまる ということになります。

ケーキの種類によっては、サイズに合わせて生地やムースの割合を少し変えたほうがおいしく仕上がる場合があり、体積比ぴったりでは足りなくなることもあります。万が一足りないと作り足す手間が増えるので、計算式よりも少し余裕のある量を心がけましょう。

たとえば、アントルメ1個分よりも、プティガトー5個分のほうが表面積は大きくなるので、サンプルレシピで使っているグラサージュ（表面を覆うチョコレートのコーティング）は、元のレシピの分量では足りなくなってしまいます。この場合は、1.5～2倍量を用意しておくと安心です。また、プティガトーでは、ケーキ全体に対してグラサージュの割合が大きくなるので、そのぶん味や食感が変わってきます。

変形型のときは…?

変形型は、計算で体積を割り出すのが難しいので、水を使って容積を量るのが手軽です。シリコン製の型など、底があるタイプは、型のふちまで水を入れて重さを量ればおおよその体積が分かります。水の重さ1g＝体積1cm³と考えればOKです。購入時の箱やラベルに容積（＝体積）が記載されているものもありますので、メモしておくと便利です。

Feime
フェイム

パート・シュクレのタルトに、しっとりしたクレーム・ダマンドと甘ずっぱいドライクランベリーを焼きこみました。タルトの上には、生クリームとストロベリークリームの2色のクリームを2種の口金で絞り、いちごを飾ってお花畑のようにフェミニンに仕上げています。土台のタルトはオーソドックスな組み合わせですが、六角形のセルクルを使うことで、新鮮に感じられます。

材料　直径15cm、1辺7.5cmの六角セルクル1台分

パート・シュクレ
- 食塩不使用バター……………………………35g
- 粉糖……………………………………………25g
- 卵黄……………………………………………1個
- 薄力粉…………………………………………70g

クレーム・ダマンド
- 食塩不使用バター（常温に戻しておく）……35g
- 砂糖……………………………………………35g
- 全卵（常温に戻しておく）…………………35g
- アーモンドパウダー…………………………35g
- ラム酒…………………………………………2g
- ドライクランベリー…………………………30g
- いちご………………………………小粒5粒程度

クレーム・フレーズ
- フリーズドライストロベリーパウダー………3g
- 砂糖……………………………………………6g
- 水………………………………………………少々
- （好みで食紅を微量加える）
- 生クリーム（5分立て）………………………70g

シャンティ
- 砂糖……………………………………………3g
- 生クリーム……………………………………40g

デコレーション
- いちご、フランボワーズ…………………各適量
- プラチョコのデイジー（126ページ参照）……適量
- チョコ飾り（124ページ参照）………………適量

＊クレーム・フレーズには、好みで食紅を加えてもよい。

フリーズドライ ストロベリーパウダーとは？

いちごをフリーズドライにしてからパウダー状にしたもの。開封後は湿気やすいので、早めに使いきるように。クリームやホワイトチョコレート、ガナッシュなどに混ぜて使い、やさしく色づく。よりピンク色を強めたいときは微量の食紅で補うとよい。

下準備

パート・シュクレは127ページを参照して作り、冷蔵庫で休ませておく。

Original recipe Feime
オリジナルレシピ

作り方

01
パート・シュクレをオーブンシートまたはクッキングペーパーの上で打ち粉（分量外）をしながら麺棒で3mm程度の厚さの円形に伸ばす。厚みを均等にし、セルクルよりひとまわり大きく伸ばす。

02
オーブンシートまたはクッキングペーパーの上にセルクルをのせる。1をシートごと裏返して型の真上にかぶせ、そっとシートをはがす。

Point!
セルクルは底がないので、必ずシートを敷いてから生地を敷きこむ。高さのあるセルクルは、シートごと生地をのせたほうがやりやすい。

03
生地を押しこんで型の角までしっかり入れる。型の側面や底のシートから浮かないように、すべての面にぴったりと張りつけること。

04
どうしても型の角がほかより分厚くなるので、親指を使って角の生地を押し上げ、厚みを均等にする。あまり押しすぎると逆に角のほうが生地が薄くなってしまうので注意。

Point!
生地がだれないよう手早く作業を進め、途中で柔らかくなってしまったら、そのつど冷蔵庫に入れて生地を締める。べたつくときは、打ち粉を少量使ってよい。

05
冷蔵庫で20〜30分ほど休ませる。生地が2cm高さになるように、ナイフで1周カットし、余分を取り除く。厚みにむらがあれば軽く調整し、再び冷蔵庫で休ませる。冷やして生地を締めてから切ると、カット面がシャープで美しくなる。

06
クレーム・ダマンドを作る。常温で柔らかくしたバターに、砂糖、全卵、アーモンドパウダー、ラム酒を順に加え、加えるたびによく混ぜ合わせる。

07

5の底に敷いたシートをはがし、シルパン(43ページ参照)の上にのせる。シルパンがなければ、オーブンシートにのせたままでよい。その場合はフォークで底全体にまんべんなく穴を開け、焼いたときに火の通りをよくし、焼き縮みや底が浮くのを防ぐ。ドライクランベリーを底全体にちらす。

08

クレーム・ダマンドを全量入れ、平らにならす。

09

180度のオーブンで25〜30分焼く。全体に香ばしい焼き色がつくまでしっかり焼くこと。型をはずし、完全にさます。

10

ヘタを取ったいちごを8mm厚さにスライスし、タルトの上に並べる。ふちからはみ出ない程度にのせる。

11

クレーム・フレーズを作る。フリーズドライストロベリーパウダー、砂糖、水を合わせて柔らかめのジャム程度の固さのペースト状にする。好みで食紅を水に溶かして加えると、クレーム・フレーズの発色がよくなる。

Point!
パウダー類はそのまま生クリームに加えるとダマになるので先に水分で溶いてから加える。

12

生クリームを5分立てにする。泡立て器を持ち上げるとたらたらと流れてしまうぐらいが目安。**11**に2回に分けて加え、ゴムべらで合わせる。

Original recipe オリジナルレシピ *Feime*

13
クレーム・フレーズの出来上がりがゆるければ、軽く角が立つか、角がやや首をかしげるくらい（7分立て）に泡立て器で泡立てて調節する。泡立てすぎに注意。

Point!

ペーストに加えると生クリームが締まって急激に固くなるので、必ずゆるく泡立てた生クリームを加えること。固く泡立てたものを加えたり、混ぜすぎるとぼそぼそしてきれいに絞れない。

14
シャンティを作る。生クリームと砂糖を合わせ、角が立つまで泡立てる。1cmの丸口金を入れた絞り袋に入れる。

15
10のタルトの上にシャンティを絞る。絞り袋を垂直に持ち、ギュッと絞り出したらそのまますっと真上に引き上げるときれいに絞れる。間隔をあけ、大小ランダムに絞る。

16
クレーム・フレーズを14切りの星口金をつけた絞り袋に入れる。シャンティの間を埋めるように、大小ランダムに絞る。

17
すき間が残らないように、ぎっしり絞る。

18
8mm厚さにスライスしたいちご、フランボワーズをちらす。プラチョコのデイジー（ここではピンクのチョコレートを花芯に絞る）、チョコ飾りで飾る。

タルトリングのかんたんバージョンと、小さなタルトレット

珍しい六角形の型のかわりに、オーソドックスなタルトリングを使ってアレンジ。型に角がないため生地を敷きこみやすく、初心者にもおすすめです。フィナンシェ型を使った小さなタルトレットは、サイズが変わるだけでかわいく仕上がります。小さく作ると、ほかのパーツよりもパート・シュクレの割合が増えるので、より香ばしく、サクッとした食感のお菓子に変わります。

Arranged recipe from Feime
アレンジレシピ

タルトリング

型のサイズ
直径14cm、高さ2cmのタルトリング

分量アレンジ
オリジナルレシピと同量

Arrange Point

1　タルトの作り方とデコレーションは、オリジナルレシピと同様に作る。タルトリングは高さがなく、角もないので、生地を敷くときに厚みが均一にしやすい。

2　タルト生地のふちをカットするときは、ふちに沿ってナイフですり切る。側面をナイフで切り落とすよりかんたん。

フィナンシェ型

型のサイズ
9.5cm×5cmのフィナンシェ型

分量アレンジ
オリジナルレシピの分量で約6個分。クレーム・ダマンドはあまるので、8割量に減らす。

Arrange Point

1　パート・シュクレは1個分ずつ伸ばして敷きこむ。サイズが小さいので、2.5～3mm厚さに薄くする。ふちに沿ってナイフですり切り、底にフォークで穴をあける。オリジナルレシピと同様に、型にバターを塗るなどの準備は不要。

2　クランベリーをちらし、クレーム・ダマンドをのせる。焼き時間は180℃で20分ほどと短くし、香ばしい焼き色をつける。

3　いちごのスライスを2枚ずつのせ、2種のクリームを同様に絞る。小さいので大きなチョコ飾りは省き、ベリー類とプラチョコのデイジーだけのせる。

Original recipe
オリジナルレシピ

Frederik
フレゼリク

香ばしいカカオニブをトッピングしたビスキュイの中には、バニラとショコラのババロアが2層になっています。間には刻んだマロンを挟みました。バニラの香りとビターなババロア・ショコラ、マロンの風味の組み合わせは、秋冬のティータイムにぴったりな贅沢な味わいです。

Original recipe *Frederik*
オリジナルレシピ

材料　長径18cm、高さ4.5cmの楕円形セルクル1台分

ビスキュイ・ショコラ

卵白	2個分
砂糖	60g
卵黄	2個
薄力粉	52g
ココア	12g
カカオニブ	適量

ポンシュ（材料を混ぜ合わせておく）

水	25g
ラム酒	15g

ソース・アングレーズ

牛乳	90g
バニラのさや	約2cm分
全卵	2個
砂糖	30g
粉ゼラチン	6g
（水30gを加えてふやかしておく）	

ババロア・ショコラ

ソース・アングレーズ	上記から70g
ビターチョコレート（カカオ分65%）	25g
生クリーム（7分立て）	60g
栗渋皮煮（刻む）	50g

ババロア・バニーユ

ソース・アングレーズ	残り全量（約90g）
生クリーム（7分立て）	70g

グラサージュ・ショコラ

牛乳	45g
砂糖	25g
ココア	10g
粉ゼラチン	1g
（水5gを加えてふやかしておく）	

デコレーション

栗渋皮煮	適量
チョコ飾り（124ページ参照）	適量
金粉スプレー、金箔	各適量

カカオニブとは？

チョコレートの原料となるカカオ豆の胚乳部分をローストして砕いたもの。香ばしいカカオの風味、カリカリとした食感を持つ。ビスキュイやチョコ飾りのトッピング、ヌガーに混ぜる（113ページ参照）、焼き菓子などに使う。

作り方

01
ビスキュイ・ショコラを焼く。卵白をボウルに入れ、ハンドミキサーの高速で泡立てる。ボリュームが出て、ミキサーの跡が残るまで泡立ったら、2回に分けて砂糖を加える。全体がモコモコとしてしっかり匿く、つやのあるメレンゲにする。

Point!
砂糖を加えるタイミングが早すぎるとボリュームが出ず、逆に砂糖を入れずに泡立てすぎると分離して使えなくなるので注意。

02
卵黄を加える。ハンドミキサーの泡立て器をはずし、手で持って軽く混ぜる。完全に混ざりきらないくらいでよい。混ぜすぎると卵黄の油脂分がメレンゲの泡を消すので、濃い黄色の部分がなくなる程度にとどめておく。

03

薄力粉とココアを合わせてふるい入れる。ゴムべらで「の」の字を描くイメージで、ボウルの真ん中を縦に切って底から生地をすくい、大きく全体に混ぜる。反対の手でボウルも回しながら混ぜるのがコツ。やっと粉が見えなくなった程度で混ぜ終える。

Point!
混ぜすぎてメレンゲの泡をつぶしてしまうと食感が悪くなる。若干まだらな部分が残っていてもいいので、決して合わせすぎないように。

07

ペーパーをはがし、側面用は4cm幅の帯2本に切り分ける。両端もまっすぐになるよう、少しずつ切り落とす。底用は長径約16cm、中用は約14cmの楕円形に切りそろえる。

04

7mmの丸口金をつけた絞り袋に入れ、オーブンペーパーに側面用に26×10cmの長方形、底用に型よりひとまわり小さい楕円形、中用に型よりふたまわり小さい楕円形を絞る。長方形は斜めに絞り、楕円形は中心からうず巻き状に絞る。あらかじめ絞る形をペーパーに描いてマーキングしておくと絞りやすい。

08

帯状のビスキュイは2本で型を1周するように側面にはめる。底用ビスキュイは焼き面を上にしてはめる。型にはめたビスキュイの内側全体にポンシュを刷毛で染みこませる。

Point!
側面用のビスキュイは少し長めでもOK。きついぐらいにしっかり詰めるほうが型によくフィットする。

05

長方形にはカカオニブをまんべんなくふる。

09

ババロア・ショコラを作る。29ページを参照してソース・アングレーズを炊く。バニラはさいて種をナイフの背でこそぎ取り、さやと一緒に牛乳に加えて作る。最後に火を止めてふやかしたゼラチンを加えて溶かす。

06

180度のオーブンで8〜9分焼く。すぐに天板からはずし、オーブンシートをかけてさます。

10

ボウルにビターチョコレートを入れて量りにのせ、ソース・アングレーズ70gを熱いうちにボウルに流し、泡立て器でよく溶かし合わせる。ボウルごと氷水につけ、混ぜながらさます。

Original recipe オリジナルレシピ *Frederik*

11

うっすらととろみがついたら、7分立てに泡立てた生クリームを加えて混ぜる。

12

型に全量を流し入れ、平らにならす。

13

栗の渋皮煮を1cm角に切ってキッチンペーパーでよく水気を取り、**12**の上にちらして軽く押しこむ。

14

中用ビスキュイの焼き面にポンシュを刷毛で染みこませ、裏返して真ん中にのせる。軽く押しこむ。

15

上側にもポンシュを染みこませる。口用ビスキュイには両面にやや多めにポンシュを染みこませることで、ババロアとよくなじむ。

16

ババロア・バニーユを作る。残りのソース・アングレーズをボウルに入れて氷水にあて、さましてとろみをつける。

Point!
ここでとろみが薄いとババロアがゆるくなって、型とビスキュイの間に入りこんでしまう。泡立て器を持ち上げるとどろっとたれるぐらいまでしっかり冷やす。

17

泡立てた生クリームを加えて混ぜ合わせ、濃度をつける。

18

型に平らに流し、パレットで上面をすり切る。冷蔵庫で冷やし固める。

19
グラサージュ・ショコラを作る。小鍋に牛乳、砂糖、ココアを入れて中火にかけ、泡立て器で混ぜながらココアを溶かす。

22
18の上にグラサージュ・ショコラを流しかける。

20
耐熱のゴムべらにかえ、焦げないように混ぜながら炊く。沸騰しても混ぜ続け、少し煮詰まってボリュームが減りはじめたら火からおろす。沸騰してから20〜30秒くらいの加熱が目安。

23
手早くパレットで塗り広げる。何度もなでず、手早くふちまで広げること。5分ほど冷蔵庫に入れてグラサージュを固める。手際が悪いとグラサージュが固まってしまい、きれいにかからないので注意。できるだけすばやく。

21
沸騰がおさまったら、水でふやかしたゼラチンを加えて溶かす。茶漉しで漉し、ダマを取り除く。ボウルごと氷水にあて、混ぜながら冷やしてうっすらとろみをつける。

24
126ページを参照して、型からそっと抜く。

Point!
このあと冷えたケーキの上面に伸ばすので、濃度はつけすぎず、うっすらとろみがつく程度のほうが伸ばしやすい。濃度がついているとすぐに固まってしまうので注意。

25
栗の渋皮煮を適当な大きさにカットし、上面に数個のせる。渋皮煮にチョコ飾りを立てかけるように立体感を出して飾る。金箔スプレーをかけ、グラサージュの上に金箔をつける。

Arranged recipe from Frederik

アレンジレシピ

> **型のサイズ**
> 直径 5.5cm、高さ 5cm の丸型セルクル

> **分量アレンジ**
> オリジナルレシピの分量で約 6 個分。ビスキュイの厚みによっては、ババロアが少量あまる。

Arrange Point

1 ビスキュイ・ショコラは側面用に 26×18cm の長方形に絞る。斜めではなく、縦に絞り、カカオニブをふる。底用は直径 4cm の円状に 6 個絞る。体積が小さいので、中用ビスキュイは作らない。同様に焼いたら、側面用は 4×16.5cm の帯状に 6 本カットする。底用は直径 3.8cm の抜き型で抜く。ナイフで切りそろえてもよい。

2 小さいのでビスキュイをはめる作業は少しやりづらいが、カカオニブを削り落としてしまわないように注意し、内側に縮めるようにはめるとうまくいく。きついくらいがちょうどよくフィットしてきれいに仕上がる。

3 底用も焼き面を上にしてはめ、ビスキュイの内側全体にポンシュをビスキュイ全体に染みこませる。プティガトーの場合は軽めでよい。

4 ババロア・ショコラを 6 分目まで入れ、1cm 角にカットした栗の渋皮煮を入れる。ババロア・バニーユを流してパレットで上面をすり切る。

5 グラサージュは小さいのでかんたん。手早く塗り広げる。チョコ飾りもサイズに合った小さめのものに。

シンプルな丸型プティガトー

1人分ずつのかわいいサイズを作るときは、オリジナルレシピと同じデザインだと、全体に対してビスキュイの割合が多すぎて、ババロアがあまり入りません。そこで、中用のビスキュイを省き、全体のバランスを調整しています。

Original recipe
オリジナルレシピ

Elin
エリン

つややかなイエローのナパージュでコーティングしたマンゴーレアチーズのプティガトー。中には柚子ジャムを入れて、夏らしく爽やかな味に仕上げています。シリコン製の型を使うことで、パティスリーに並ぶようなスタイリッシュな印象になります。この形状は、見た目がすてきなだけではなく、ナパージュのコーティングがしやすいのも魅力です。

材料　直径6.5cmのシリコン製ストーン型4個分

パート・シュクレ（ここから1/2量だけ使用）

食塩不使用バター	35g
粉糖	25g
卵黄	1個
薄力粉	70g

マンゴーレアチーズ

クリームチーズ（常温に戻しておく）	60g
砂糖	25g
プレーンヨーグルト	30g
マンゴーピュレ	55g
粉ゼラチン	3g
（水15gを加えてふやかしておく）	
生クリーム（7分立て）	60g
柚子ジャム	35g

マンゴーナパージュ

マンゴーピュレ	15g
ナパージュ（非加熱タイプ）	70g
粉ゼラチン	4g
（水20gを加えてふやかしておく）	

デコレーション

チョコ飾り（124ページ参照）	適量
プラチョコのデイジー（126ページ参照）	適量

ナパージュとは？

透明なジュレ状で、ムースやババロアの表面に塗ることで美しい光沢と乾燥防止効果を発揮する。フルーツピュレやジャムと混ぜて色づけすることもできる。冷凍保存も可能。ここで使うのは非加熱タイプ。煮溶かして使う「加熱用ナパージュ」とは別物なので、購入時には注意。

下準備

パート・シュクレは127ページを参照して作り、冷蔵庫で1時間以上休ませておく。クリームチーズは常温において柔らかくしておく。

作り方

01

パート・シュクレをオーブンシートまたはクッキングペーパーの上で打ち粉（分量外）をしながら麺棒で3mm程度の厚さの円形に伸ばす。シートごと一度冷やして生地を締める。

Point!
一度生地を締めてから抜くと型抜きしたときにきれいに抜ける。

02

生地をいったんシートからはがし、シートにのせ直して、直径7cmの菊型で抜く。そのまま抜くとシートに張りついてきれいに抜けない。

03

天板にのせたシルパン（43ページ参照）に並べ、180度のオーブンで全体に焼き色がつくまで10分程度焼く。シルパンがない場合は、オーブンシートなどにのせ、フォークで生地に全体にまんべんなく穴をあけてから焼く。

07

スプーンの背で側面のふちまでなすりつける。

04

マンゴーレアチーズを作る。クリームチーズを練り、なめらかなクリーム状にする。砂糖、ヨーグルト、マンゴーピュレを順に加え、そのつど混ぜ合わせる。

08

柚子ジャムを4等分にして真ん中にのせ、残りのマンゴーレアチーズをふちまで流す。

05

ふやかしたゼラチンをレンジで溶かして混ぜ合わせる。7分立ての生クリームを加え、まんべんなく混ぜる。

09

上面をすり切り、冷凍庫で完全に冷やし固める。

Point!
シリコン型は完全に凍らせて固めないと、型からきれいに取り出せない（43ページ参照）。

06

マンゴーレアチーズを型に半分まで流し、型をトントンと台に打ちつけて気泡を抜く。

Point!
この作業をしないと、型から出したときに表面に大きな気泡が残っていることも。

10

マンゴーナパージュを作る。マンゴーピュレを小鍋で中火にかけ、軽くわかす。

Point!
マンゴーの酵素にはゼラチンを固めにくくする作用があるため、沸騰させて酵素の作用をなくす。

11

火を止め、ふやかしたゼラチンを加え、余熱でよく溶かす。ナパージュを加えてよく混ぜ、均一にする。気泡をあまり入れないように、静かに混ぜる。

12

ボウルごと氷水にあて、ゆっくりと混ぜてとろみをつける。

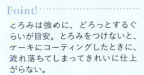

Point!
とろみは強めに、どろっとするぐらいが目安。とろみをつけないと、ケーキにコーティングしたときに、流れ落ちてしまってきれいに仕上がらない。

14

バットやトレーの上に網をのせ、凍ったレアチーズを間隔をあけて並べる。マンゴーナパージュをレードルですくい、たっぷりと全体にかけて余分をよく落とす。

Point!
少しずつではなく、一気にたっぷりかけると、かけた勢いで自然と流れ落ち、均一にコーティングできる。かかっていないところがないように全体をよく確認する。

15

パレット2本を使ってパート・シュクレの真ん中にのせる。

13

型をひっくり返して9を取り出す。

Point!
型から出して長時間常温におくと霜がついてしまい、ナパージュがうまくかからなくなる。すぐに仕上げないときは密閉容器に入れて冷凍庫に入れる。

16

チョコ飾りとプラチョコのデイジーをのせて仕上げる。

25

丸型セルクル

型のサイズ

直径6cm、高さ3cmのセルクル

分量アレンジ

オリジナルレシピの分量で約4個分

六角形セルクル

型のサイズ

直径6cm、一辺の長さ3cm、高さ4cmの六角形セルクル

分量アレンジ

オリジナルレシピの分量で約4個分。ナパージュは上面に塗るだけなので、非加熱タイプのナパージュ30gとマンゴーピュレ6gを混ぜ合わせたものでOK。

Arrange Point

1 セルクルには底がないので、トレーにラップを敷いてセルクルをのせてから、オリジナルレシピと同様に作る。

2 プロセス5で生クリームを入れる前に、少し冷やして濃度をつけておくと、型の下から流れづらくなる。セルクルの場合は冷凍しなくても冷蔵するだけで型から出せるが、冷凍したほうがコーティングしやすくなる。型を抜くときは周囲を温めてから抜くこと(126ページ参照)。

3 マンゴーレアチーズのふちにパレットを押し当て、角をなでるようにしてなだらかにする。こうすることで、ナパージュをかけたときに角が出づらくなる。

4 側面が垂直なので、ストーン型よりナパージュがかかりにくい。たっぷりとかけて、足もとまでしっかりナパージュがかかっているかをよく確認してから土台に移してデコレーションする。こちらもナパージュのとろみをあまりつけないでかけると、コーティングが薄く、角が出てしまうので注意。

Arrange Point

1 丸形のセルクルと同様にラップを底にして組み立てる。

2 型から抜く前に、マンゴーピュレ入りのナパージュをパレットで塗る。126ページを参照して型から抜く。この場合は、一度抜いてから移さなくても、パート・シュクレの土台の上に直接抜けばよい。チョコ飾りを刺して立体的に飾り、金柑のシロップ煮(市販品)を半割りにしてのせる。プラチョコのデイジーを飾る。

手持ちのセルクルを活用

最新のシリコン型を使わなくても、定番の金属製セルクルでも同様に作れます。セルクルを使う場合は、ふちに角ができるので、ナパージュでコーティングするには少し工夫が必要です。とくに角が多い六角形セルクルを使う場合はナパージュを美しくかけるのが難しいので、上面だけにナパージュを塗る仕上げ方法がおすすめです。

Original recipe
オリジナルレシピ

Dez-Lee

デズリー

ムース・ショコラとオレンジマーマレードの定番の組み合わせ。これをパティシエにも人気が高い細長い型で作り、モードなフォルムに仕上げました。つややかなミルクチョコレートのグラサージュでコーティングすれば、さらに上品になります。土台とトッピングにはパート・シュクレ・ショコラを使い、サクサクとした食感を味わいのアクセントにしています。

材料

長さ13cmのシリコン製
ファッションエクレア型 7本分

パート・シュクレ・ショコラ

食塩不使用バター	35g
粉糖	25g
卵黄	1個
薄力粉	65g
ココア	10g

ムース・ショコラ

砂糖	20g
卵黄	1個分
牛乳	105g
粉ゼラチン	3g
（水15gでふやかしておく）	
スイートチョコレート（カカオ分55％、刻む）	80g
オレンジの皮すりおろし	1/4個分
生クリーム（7分立て）	135g
オレンジマーマレード（低糖タイプ）	56g

グラサージュ・オレ

砂糖	60g
水あめ	50g
水	35g
生クリーム	45g
粉ゼラチン	5g
（水25gでふやかしておく）	
ミルクチョコレート	70g

デコレーション

金箔	適量

ファッションエクレア型とは？

イタリアのシリコマート社から販売されており、シリコン型と抜き型がセットになっている。抜き型は大小のサイズのものが一体になっている。

下準備

パート・シュクレ・ショコラは127ページを参照して作る。ここでは薄力粉と一緒にココアも加えて作る。冷蔵庫で1時間以上休ませておく。

作り方

Point!
一度生地を締めておくと、型抜きしたときにきれいに抜ける。

01
パート・シュクレ・ショコラをオーブンシートまたはクッキングペーパーの上で打ち粉（分量外）をしながら麺棒で3mm程度の厚さに伸ばす。2枚のシートで挟んで冷蔵庫で冷やして生地を締める。両面のシートをはがし、シートにのせたまま付属の抜き型で大小7枚ずつ抜く。

02
天板にシルパン(43ページ参照)をのせ、パート・シュクレ・ショコラを並べ、180度のオーブンで10分程度焼く。シルパンがなければオーブンシートを使う。その場合はフォークで穴をまんべんなくあけてから焼く。

03
焼き上がり。細くて折れやすいので、さめてからそっとシルパンからはがすこと。

04
ムース・ショコラ用にソース・アングレーズを作る。溶いた卵黄と砂糖の半量をボウルに入れ、泡立て器でよく混ぜる。残りの砂糖は牛乳と合わせて沸騰させ、そのうち半量をボウルに少しずつ加えてよく混ぜ合わせる。

Original recipe オリジナルレシピ *Dez-Lee*

05
ゴムべらに持ちかえ、牛乳の鍋に戻す。ごく弱火にかけ、ゆっくりと混ぜながら加熱する。

09
オレンジの皮をすりおろして加える。白い部分まで削ると苦みが出るので、オレンジ色の表皮だけ削る。

06
とろりとした濃度がついたらすぐに火を止める。82〜83度が目安。

Point!
加熱しすぎると卵の成分が凝固してダマができ、逆に加熱が足りないと卵の臭みが残ってしまうので注意。

10
ボウルごと氷水にあて、混ぜながらさます。冷やしすぎて濃度が強くつきすぎないように。さますだけにとどめておく。

07
すぐにふやかしたゼラチンを加えて余熱で溶かす。すぐに加えることでゼラチンが溶けやすく、余熱がアングレーズにまわりすぎるのも防げる。

11
7分立ての生クリームを2回に分けて加え、まんべんなく混ぜる。

08
刻んだチョコレートをボウルに入れ、**7**を2回に分けて加え、そのつどよく混ぜてチョコレートを溶かす。

12
絞り袋に入れ、型7本に8分目まで絞る。型に押しつけるように絞ると気泡が入りづらい。

13

型ごとトントンと台に軽く打ちつけて気泡を抜く。

Point!
10で冷やしすぎたり、型に入れるまでに時間がかかりすぎると、ムースが冷えて濃度がつき、大きな気泡や空洞ができやすくなるので注意。

14

スプーンの背で型のふちまでムースをなすりつけ、真ん中がくぼんだ状態にする。

15

オレンジマーマレードを細かく刻む。

16

絞り袋に入れ、先を7〜8mmカットする。**15**を入れ、ムースの真ん中に8gずつ絞る。

17

残りのムースを絞り、パレットで平らにならす。冷凍庫で完全に凍らせる。

18

グラサージュ・オレを作る。砂糖、水あめ、水、生クリームを鍋に入れ、混ぜながら中火にかける。水あめを加えることでつやが出て、適度なとろみがつく。

19

水あめが溶け、ふつふつとわいてきたら火を止める。水でふやかしたゼラチンを加え、余熱で溶かす。

20

刻んだチョコレートを入れたボウルに1/4量ほど加え、泡立て器で混ぜる。完全に溶けきらなくてよいので、これ以上混ぜても状態が変わらないところまで混ぜたら、さらに1/4量を加える。

Point!
液体を一度にチョコレートに加えるときれいに混ざらず分離してしまい、つややかなグラサージュにならない。

Original recipe オリジナルレシピ Dez-Lee

21
1/4量ずつ混ぜ、すべて加えきったら、つややかなグラサージュ・オレのできあがり。さまして冷凍保存も可能。解凍するときはレンジで温めて溶かす。

25
パレットを2本使って持ち上げ、パート・シュクレ・ショコラの大きなほうにのせる。細い土台なので、ずれないように注意して真ん中にのせる。

22
ボウルごと氷水にあて、静かにゴムべらで混ぜながら冷やし、とろみをつける。激しく混ぜると気泡が入るので注意。

Point!
とろみをつけないとムースにかけても流れ落ちてきれいにコーティングできない。かけづらいほどに濃度がついてしまったら、少し温め直せばゆるくなるので、ちょうどよい固さに調整する。

26
パート・シュクレ・ショコラの小さなほうをそっと真ん中にのせる。ここでは裏返して網目模様を上に向けてのせている。シルパンで焼かなかったときは焼き面を上にする。

23
ムース・ショコラが完全に固まったら、型からはがしとる。

Point!
型から出してしばらく常温におくと霜がついてしまい、グラサージュがうまくかからなくなる。すぐに仕上げないときは密閉容器に入れて冷凍庫に入れておく。

27
グラサージュ・オレの残りを22と同様に濃度を調整し、ビニール製の絞り袋に入れ、先を細くカットする。26の上面に、水玉模様を絞り、金箔をあしらう。

24
バットやトレーの上に網をのせ、ムースを間隔をあけて並べる。グラサージュ・オレをレードルですくい、たっぷりと全体にかけて余分を自然に落とす。

Point!
少しずつ何度もかけず、一気にたっぷりかけることで、勢いで自然と流れ落ち、均一にコーティングできる。かかっていないところがないようにしっかり確認する。グラサージュに濃度がついていないと写真のように薄くついてしまって、きれいに仕上がらない。

タイプ違いで3種のプティガトー

シンプルな構成で、形のアレンジがしやすいのがこのお菓子の魅力。いろんな型を使って自由にアレンジが楽しめます。ここでは、シンプルな丸形のセルクルとスタイリッシュなシリコン型を使い、上面のデコレーションも少し変化をつけてアレンジしました。

Arranged recipe from
Dez-Lee
アレンジレシピ

型のサイズ

直径6cm、高さ2.5cmのセルクル
シンプルな丸形セルクルでオーソドックスなアレンジ。ムースのふちに角ができるので、グラサージュでコーティングするときは角が浮き出ないように工夫が必要。土台のパート・シュクレ・ショコラは6.5〜7cm程度の菊型または丸型で抜いて焼く。

分量アレンジ

オリジナルレシピの分量で約7個分。

型のサイズ

直径6cmのシリコン製ドーム型
ドーム型はグラサージュをかけやすい形。シリコン型を使うときは、オリジナルレシピと同様、ムースを流したら一度トントンと台に打ちつけることを忘れずに。また、完全に冷凍してから型からはがす。パート・シュクレ・ショコラは6.5〜7cm程度の菊型または丸型で抜いて焼く。

分量アレンジ

オリジナルレシピの分量で約9個分。
グラサージュ・オレのかわりにグラサージュ・ショコラを使うと、色合いも変わり、ビターな味わいが楽しめる。レシピは16ページを参照して2倍量用意する。

Arrange Point

1 底がない型なので、トレーにラップを敷いてからムースを流しこみ、オリジナルレシピと同様にマーマレードを絞り入れる。冷凍して完全に凍らせ、126ページを参照して型の周囲を温めてからそっと抜く。

2 ムースのふちをパレットでなでて、角をなだらかにしておくと、グラサージュをかけたとき角が浮き出ず、均一にかけられる。

3 グラサージュをかけたらパレットで上面をさっと平らにならす。下までしっかりグラサージュがかかっているかをよく確認する。

4 グラサージュを絞り袋に入れて先を細く切り、斜めに細いラインを絞り、土台に移す。金箔をのせる。

Arrange Point

1 グラサージュ・オレのかわりに16ページを参照してグラサージュ・ショコラを2倍量で作り、同様に冷やして適度に濃度をつけてから使用する。さらさらすぎると薄くかかり、とろみが強すぎると分厚くかかってしまう。

2 グラサージュは、ムースの少し上からたっぷりと1周まわしかけると、まんべんなく下までかかりやすい。自然に余分が落ちたら、土台のパート・シュクレ・ショコラにのせる。

3 高さとボリュームが出るように板状のチョコ飾り（124ページ参照）を割って刺し、金箔スプレーをかけて仕上げる。

型のサイズ
直径7cmのシリコン製サムライ型
イタリアのシリコマート社が販売しているサイドに模様が入ったスタイリッシュな型。上面が平らになっていて、フルーツなどのトッピングをのせやすい。ここではクリームを絞ってボリューム感ある仕上がりに。土台のパート・シュクレ・ショコラは6.5～7cm程度の菊型または丸型で抜いて焼く。

口金のサイズ
デコレーション用星口金
8切りサイズの大きな星口金を使うと、ボリュームが出て華やかなデコレーションになる。ここでは10号以上のものを使用。

分量アレンジ
オリジナルレシピの分量で約5個分。サイズがやや大きいので、マーマレードの分量を1個10gに増やし、味のバランスをとる。

デコレーション用のカフェクリームの分量
インスタントコーヒー（粉末）……2g	生クリーム……100g
水……適量	砂糖……8g

Arrange Point

1 ドーム型のアレンジと同様にムースを仕込み、冷凍して完全に固めてから型からはずす。

2 濃度を調整したグラサージュ・オレを、少し上からたっぷりと1周まわしかける。まんべんなく下までかかり、余分が自然に落ちたら、土台のパート・シュクレ・ショコラにのせる。

3 カフェクリームを作る。インスタントコーヒーをごく少量の水で濃く溶き、生クリーム、砂糖と一緒に角が立つくらいの8分立てに泡立てる。ゆるいとクリームを絞ったときにだれて美しくないので注意。

4 星口金をつけた絞り袋に入れて絞り袋を立てて持ち、ムースの中心に小さな円を描くように絞る。ムースに押しつけて絞るとボリュームが出ないので、口金を少し浮かせてクリームをたらすように絞ると立体的になる。

5 立体感のあるチョコ飾り（124ページ参照）を、落ちないようにクリームとムースの間に差しこむ。ローストしたヘーゼルナッツ、金箔を飾る。

Original recipe
オリジナルレシピ

Saint-honoré aux bananes
サントノーレ・オ・バナーヌ

キャラメルをつけたミニシューをパイに張りつけ、カスタードと生クリームをたっぷり絞る「サントノーレ」。フランスの伝統的なスタイルは丸いホールケーキですが、最近では、プティガトーにしたり、キャラメルのかわりにカラフルなフォンダンをつけたりと、新しいスタイルのものもパティスリーに並んでいます。ここでは形をアレンジして、切り分けやすい長方形にしました。ミニシューは小さめに作るとバランスがよく、洗練された印象に仕上がります。

材料　約24×10cmの長方形1台分

パート・ブリゼ
- 強力粉 — 25g
- 薄力粉 — 25g
- 塩 — 2g
- 砂糖 — 7g
- 食塩不使用バター — 25g
- 冷水 — 13g

シュー生地
- 食塩不使用バター — 20g
- 水 — 35g
- 塩 — ひとつまみ
- 薄力粉 — 25g
- 全卵(Lサイズ) — 約1個

クレーム・パティシエール
- 牛乳 — 125g
- バニラのさや — 約2cm
- 卵黄 — 1個
- 砂糖 — 30g
- 薄力粉 — 8g
- ラム酒 — 3〜4g

キャラメル
- グラニュー糖 — 60g
- 水 — 20g
- バナナ — 大1本

シャンティ
- 砂糖 — 10g
- 生クリーム — 120g
- チョコ飾り(124ページ参照) — 適量
- 金粉 — 適量

作り方

01
127ページを参照してパート・ブリゼを作り、1時間以上冷蔵庫で休ませる。厚手のビニールかオーブンシートの間に挟み、麺棒で2〜3mm厚さ、25×11cm程度に薄く伸ばす。1時間以上冷凍庫で休ませる。

02
ビニールまたはシートを両面はがし、オーブンシートの上にのせなおす。周囲をまっすぐに切りそろえ、フォークで全体にまんべんなく穴をあける。冷蔵庫に入れておく。

Point!
パート・ブリゼは焼き縮みしやすいので、伸ばしたあとも一度休ませてから焼く。穴をあけるのも縮み防止になる。

37

Original recipe オリジナルレシピ Saint-honoré aux bananes

03
シュー生地を作る。鍋にバター、水、塩を入れて火にかけ、全体に白い泡でいっぱいになるまで沸騰させたら火を止める。

07
溶いた全卵を4回ほどに分けて加え、そのつど混ぜてなじませる。

04
ふるった薄力粉を1度にすべて加え、木べらで粉っぽさがなくなるまでかき混ぜる。

Point!
熱いところに粉を加えるので、手早くしないと粉のダマができる。少しずつ分けて入れず、一気にすべて入れること。

08
すくってゆっくりと生地が落ち、木べらから三角形に切れて落ちる固さにする。分量の全卵がすべて入らなくてもよい

Point!
卵が少ないと生地が固く、焼いてもふくらまない。逆に多くてもだれてふくらまないので、必ず状態を確認しながら卵を加えていくこと。

05
粉っぽさがなくなり、ひとかたまりになってくる。

09
8mmの丸口金をつけた絞り袋に入れ、2の両サイドに沿ってまっすぐ絞る。パート・ブリゼのふちより5mmほど内側に絞るのがコツ。ふちからはみ出さないように。

06
再度弱火にかける。かき混ぜながら20〜30秒加熱する。火からおろし、鍋底を水に1分ほどつけて粗熱をとる。

Point!
加熱が足りなくてもしすぎてもシューのふくらみが悪くなる。

10
残りの生地で直径2cmのミニシューをたくさん絞る。大きくなりすぎないように注意する。形のよいものを選んで飾るので、できるだけたくさん絞っておくとよい。

11
フォークに水を軽くつけながら、土台のシュー生地とミニシューの上面を平らに押さえる。押さえることで焼いたときに均等にふくらみやすくなる。フォークをぬらしながら作業すれば生地がフォークにくっつきづらい。

12
190度のオーブンで20〜25分ほど焼き、さましておく。形や大きさのそろったものを16〜18個選別する。

13
127ページを参照してクレーム・パティシエールを作る。完全にさめたらゴムべらで軽くほぐし、ラム酒を加えて混ぜ合わせる。

14
キャラメルを作る。鍋で砂糖と水を煮詰め、色がつきはじめたら鍋をまわしてまんべんなくキャラメル色にしていく。火からおろしたあとも余熱で色が進むので、焦がしすぎないようにきつね色になったら火からおろす。これ以降の作業は、キャラメルが固まらないうちに手早く行う。もしキャラメルが固まってきてしまったら、そのつど火にかけて溶かして液状にしてから使う。

15
キャラメルをミニシューの上面につける。

16
シルパットまたはオーブンペーパーにキャラメル側を下にしてのせ、キャラメルを平らに固める。

Original recipe オリジナルレシピ Saint-honoré aux bananes

17
シルパットからはがし、裏側にナイフの先などで1cmほどの穴をあける。

20
残りのクレーム・パティシエールを真ん中に平らに絞り入れる。絞りの先を少し広くカットしなおすと絞りやすい。

18
クレーム・パティシエールを絞り袋に入れ、先を少しカットし、ミニシューの中に絞る。はみ出たクレームはナイフの背などでこそげとる。残りのクレーム・パティシエールはとっておく。

21
バナナを8〜10mm厚さにスライスし、全体に広げてのせ、軽く押しこむ。

19
ミニシューの底側にもキャラメルを少量つけ、土台の両側にすき間なく張りつける。

Point!
なるべく大きさのそろったミニシューを選び、キャラメル面を水平にそろえてつけていくときれいに仕上がる。

22
生クリームに砂糖を加え、しっかりと固く泡立てる。サントノーレ口金をつけた絞り袋に全量入れ、パティシエールを覆い隠すように、中央に波状に絞る。絞りが途切れないように一筆書きで一気に絞るので、絞り袋は全量のクリームが入る大きめサイズを使うこと。チョコ飾りをランダムに刺し、金粉をふって飾る。

Point!
絞り袋を垂直に持ち、切り口を向こう側に向けた状態で左右に蛇行しながら最後まで一気に絞る。なるべくすき間を作らないように。

40

Arranged recipe from
Saint-honoré aux bananes

Arranged recipe from
Saint-honoré aux bananes

クラシックな丸形を絞り方でモダンに

定番スタイルの丸形サントノーレ。ふちにミニシューを張りつけたら、内側には白とカフェの2色のクリームを丸口金と星口金で絞り、クラシックな形を現代風にアレンジしました。

口金のサイズ
1cmの丸口金、16切りの星口金

分量アレンジ
オリジナルレシピの分量で1台分。生クリームは半量にラム酒微量で溶いた粉末のインスタントコーヒー1gを加えて使う。

Arrange Point

1 土台のパート・ブリゼは打ち粉(分量外)をしながら麺棒で2mm厚さ、直径17cm程度に丸く伸ばし、1時間以上冷蔵庫で休ませる。フォークで穴をあけ、直径16cmにカットする。セルクルや型の底をあててカットするとやりやすい。

3 オリジナルレシピと同様にミニシューにクレーム・パティシエールを詰めてキャラメルをつけ、土台のシューのリングの上に張りつける。真ん中に残りのクレーム・パティシエールとバナナのスライスをのせて軽く押しこむ。

2 パート・ブリゼのふちから5mmほど内側にシュー生地をぐるっと一周絞り、残りは直径2cmのミニシューに絞り、オリジナルレシピと同様に焼き上げる。

4 砂糖と生クリームを8分立てにし、半量を1cmの丸口金をつけた絞り袋で大小ランダムに絞る。残りのクリームをラム酒微量で溶いたインスタントコーヒー(粉末)1gを加えて混ぜ、16切りの星口金をつけた絞り袋に入れて絞り、すき間を埋める。チョコ飾り、半割りにしたローストヘーゼルナッツ、金箔で飾る。

column

最新デコレーションを可能にする
新世代の道具たち

製菓道具は日々進化し、新しいデザインの型や便利な道具が開発されています。以前はプロしか手に入れるのが難しかった道具も、今はネット販売などで購入できるので、家庭でもパティスリーに並ぶような最新デコレーションを取り入れられます。プロが愛用するあこがれの道具を使って、スタイリッシュな仕上がりに挑戦してみませんか？

シリコン型

22ページ、28ページなどで使用

今までもシリコン型自体はありましたが、最近はシリコンの柔軟性が上がり、取り出し口を型より小さくすることが可能になったことで、より自由で面白い形の型が開発されています。ケーキが柔らかいと型からうまく取り出せないので、ムースやババロアなどに使用する場合は、型に流したあとにしっかり空気を抜き、完全に冷凍してから取り出すのがポイントです。

変形セルクル型

63ページ、67ページなどで使用

シンプルな構成のお菓子も、変形の型で作るだけでワンランクアップしたような印象になります。ただし、変形型は角があったり細かい部分があったりするので、型を抜くときにふちが欠けたり、気泡が入ってしまわないように注意して使いましょう。

新スタイルの星口金

33ページ、41ページ、93ページなどで使用

生クリームのおまけにもついてくるくらい大定番の星口金。色々なサイズが展開されており、最近は、切り口が多いタイプやサイズの大きなタイプがモード。切り口が多いものは、細かく繊細な絞り方ができ、サイズが大きなものはボリューミーに絞れます。口金を少し浮かせ、絞りのラインをつぶさないように絞るのが美しく飾るコツです。

シルパン

8ページ、22ページ、29ページなどで使用

生地に穴を開けなくても焼けるので、焼き上がった生地の上面が美しいのも魅力です。裏側にはメッシュの格子模様が入ります。

従来のオーブンシートとは違い、メッシュ状になっているベーキングマットです。グラスファイバーをシリコンでコーティングして作られていて、余分な油分がメッシュから落ちるので、クッキーやタルトリングで作るタルトなどを焼くと、サクサクとした食感に仕上がります。
蒸気もメッシュから抜け、生地に空気を抜く穴を開けなくても生地が浮き上がらず、平らに焼き上げることもできます。ただし、マカロンのような柔らかい生地を焼くのには不向きです。

Step 2

バランスを整えるのがおいしさのコツ
自分好みの味にアレンジ

「この材料がないけど、別のものに変えても大丈夫？」「フランボワーズよりいちご味のほうが好きだからアレンジしたい」レシピを見て、こんな風に思うことは多いのではないでしょうか。本で紹介されているレシピは、全体の味のバランスをよく考えて作ってあります。ひとつの材料を置きかえるだけでうまくできるものもあれば、ほかの分量まで調整しないとバランスが崩れてしまい、おいしくできない場合もあります。この章では、好きな味のケーキをおいしく作るためのフレーバーの組み合わせや味のバランスを整えるコツをご紹介します。

生地とクリームのフレーバーを変える

生地やクリームに加えるフレーバーを別のものに変えるのは、いちばん手軽なアレンジ。たとえば、プレーンのスポンジ生地にアールグレイの茶葉やインスタントコーヒーを少量加えれば、ほかの材料は分量を調整しなくても、かんたんに風味をつけられます。生地に合わせてクリームにも同じフレーバーを加えれば、さらに風味がアップします。

プレーンのスポンジ生地とクリームにパウダー状のコーヒーを加えれば、コーヒー風味にすぐアレンジできます。

ムースのフレーバーを変える

フルーツムースも、使用するピュレの種類を変えるだけでかんたんに味が変えられます。ただし、味の相性を考えて、具材も違うものに変えたり、酸味などを足して味のバランスを取ったりと、微調整が必要です。

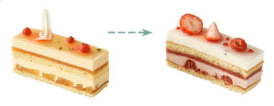

アプリコット＆はちみつのムースをライチ＆ストロベリーのムースに変えたら、ムースの味に合わせて具とデコレーションもアレンジ。

チョコレート味のアレンジは難易度 高

泡立てた生クリームにチョコレートを加えたシャンティ・ショコラ、液状の生クリームとチョコレートを溶かし合わせたガナッシュなど、チョコレートが入るレシピのアレンジは要注意。
スイートチョコレートのレシピをホワイトチョコレートに変えたり、チョコレートのカカオ分や生クリームの油脂分の割合を違うものに変えると、味のバランスが悪くなるだけでなく、クリームやガナッシュがうまく混ざり合わず、大失敗することがあります。
自分で調整するには経験が必要なので、チョコレート味のパーツはできるだけそのまま作り、別のパーツをアレンジすることをおすすめします。

シャンティ・ショコラやガナッシュは材料や分量をアレンジすると分離したり、柔らかくなりすぎてケーキにうまく塗れなかったりと、失敗してしまうことが多いです。

サンプルレシピでチャレンジ

プティフールを
4つのバリエーションで
作ってみよう

まずはフルーツムースのピュレを変えるだけでアレンジできるシンプルなレシピにトライ。ベースはどのフルーツにも合わせやすいミルキーなココナッツムースにし、味の相性を考えて具材もアレンジにします。ひと口サイズのプティフールに仕立てれば、一度にいろんな味のケーキが作れます。

基本のレシピ

フランボワーズ・ココ

材料 直径5cm、高さ3.5cmの丸型セルクル8個分

ビスキュイ（64ページ参照）……………………1枚
ムース・ココ
　ココナッツミルクパウダー……………………10g
　砂糖………………………………………………15g
　牛乳………………………………………………45g
　粉ゼラチン…………………………………………3g
　（水15gでふやかしておく）
　生クリーム（7分立て）…………………………35g
　フランボワーズ（冷凍でも可）…………………40g

ムース・フランボワーズ
　冷凍フランボワーズピュレ（解凍する）……100g
　砂糖………………………………………………28g
　粉ゼラチン…………………………………………4g
　（水20gでふやかしておく）
　生クリーム（7分立て）…………………………75g
ナパージュ（非加熱タイプ）、フランボワーズピュレ
　…………………………………………………各適量
フランボワーズ、金粉……………………………各適量

01 64ページを参照してビスキュイを薄く焼き、シートからはがす。セルクルで8枚抜き、底にはめておく。

02 ムース・ココを作る。ふるったココナッツミルクパウダーと砂糖をよく混ぜ、温めた牛乳を少しずつ加えて溶きのばす。ふやかしてレンジで溶かしたゼラチンを加え、さましておく。

03 さめたら7分立ての生クリームを合わせ、まんべんなく混ぜる。

04 用意した型に8等分に流す。型の上部にムースがつかないように注意。

05 冷蔵庫で冷やし、表面が固まったらフランボワーズを軽くほぐして5gずつ真ん中にのせる。

06 ムース・フランボワーズを作る。ピュレに砂糖、ふやかしてレンジで溶かしたゼラチンを順に混ぜ合わせ、7分立てにした生クリームを加えてまんべんなく混ぜる。

07 5の上に流し、パレットで平らにすり切る。冷蔵庫で冷やし固める。

08 ナパージュ30gにフランボワーズピュレ6gを混ぜて塗る。126ページを参照して型から抜き、フランボワーズ、金粉を飾る。

別フレーバーにアレンジ

ムース・フランボワーズを別の風味にアレンジしていきます。型と底のビスキュイ、ムース・ココは基本のレシピと同様に作ります。ココナッツに合うように味のバランスを整えるのがポイントです。

1. ピュレを変える

ムース・フランボワーズのフルーツピュレを別のピュレに変えます。ピュレの種類によっては、酸味を足したり、リキュールで香りづけするなどの工夫をすると、ワンランクアップした味に。

2. 具材を変える

フランボワーズ40gを別のフルーツに変えます。ムースに入れる具は食感のアクセントになったり、味を強調させる効果があります。ムースのフレーバーと同じ種類のフルーツか、似ているフルーツを使うのがおすすめです。

3. 仕上げを変える

デコレーションはムースのフレーバーを印象づけるデザインにするのがポイント。具に使ったフルーツをのせたり、ナパージュやチョコ飾りをフルーツのイメージに合う色合いにするとまとまります。

アレンジレシピ

ムース・フレーズ（いちご）

1. ピュレを変える

ストロベリーピュレ90g＋レモン汁10g
いちごは酸味がおだやかなので、レモン汁で酸味をアップし、ココナッツ味とのバランスをとる。

2. 具材を変える

いちご40g
8mm角にカットしてムース・ココの上にのせる。

3. 仕上げを変える

いちごのやさしいイメージに合わせ、ピンク色に仕上げる。ナパージュをパレットで塗り、ところどころにストロベリーピュレをのせ、パレットで軽くこすって模様をつける。いちご、冷凍グロゼイユ、チョコ飾り（124ページ参照）を飾る。

ムース・パッション（パッションフルーツ）

1. ピュレを変える

冷凍パッションフルーツピュレ 100g

パッションフルーツは十分に酸味があるので、何も加えずにピュレだけを置きかえればココナッツの甘味が引き立つ。

2. 具材を変える

マンゴー 40g
8mm角にカットしてムース・ココの上にのせる。パッションフルーツは固形の果肉を入れづらいので、同じトロピカルフルーツのマンゴーを入れる。さっぱりさせたいときは柑橘系もおすすめ。

3. 仕上げを変える

パッションフルーツピュレ 12g を耐熱容器に入れ、レンジにかけて半分になるまで煮詰める。パッションフルーツピュレはさらさらの液体状なので、煮詰めて濃度をつけてから使う。煮詰めるときは焦がさないように注意。ナパージュ 30g と混ぜ合わせ、ムースの上面に塗り、カットしたマンゴー、冷凍グロゼイユを飾る。

ムース・バナーヌ（バナナ）

1. ピュレを変える

バナナをミキサーにかけてピュレにしたもの 90g ＋レモン汁 10g ＋ラム酒 3～4g

レモン汁で酸味を補い、バナナ本来の甘味を引き立てる。さらにラム酒で風味アップ。ラム酒はココナッツにもよく合う。

2. 具材を変える

バナナ 40g
8mm角にカットして入れる。

3. 仕上げを変える

ナパージュをそのまま塗り、微量の水で濃く溶いたインスタントコーヒー（粉末）を所々につけ、軽くこすって模様にする。バナナを薄く輪切りにし、バーナーで焦がして色づけてのせ、バナナにもナパージュを塗る。

Original recipe
オリジナルレシピ

amis
アミ

鮮やかなオレンジ色のアプリコットを、ムース、ジュレ、果肉と、3つの形で重ね合わせ、はちみつババロアと合わせました。アプリコットのおだやかな酸味と、はちみつのやさしい甘味の組み合わせは、初夏のデザートにぴったりです。切り分けたときに断面がまっすぐな層になるよう、ひとつひとつのパーツを平らに重ねていくのが、きれいに仕上げるポイントです。

材料　15×10cm、高さ5cmの長方形セルクル1台分

アプリコット（缶詰）··················半割5個
ビスキュイアマンド
　卵白·······························1個分
　砂糖······························30g
　卵黄·······························1個
　薄力粉···························25g
　アーモンドパウダー··············10g
ポンシュ（材料を混ぜ合わせておく）
　コアントロー······················10g
　水·······························15g
ムース・アプリコ
　冷凍アプリコットピュレ（解凍しておく）···55g
　砂糖······························16g
　粉ゼラチン························3g
　（水15gでふやかしておく）
　レモン汁····························適量
　生クリーム（7分立て）············40g
ジュレ・アプリコ
　冷凍アプリコットピュレ（解凍しておく）···50g
　砂糖·······························8g
　粉ゼラチン························2g
　（水10gでふやかしておく）
ババロア・ミエル
　牛乳······························50g
　砂糖·······························5g
　卵黄······························1/2個
　粉ゼラチン························3g
　（水15gでふやかしておく）
　はちみつ··························20g
　生クリーム（7分立て）············40g
デコレーション
　ナパージュ（非加熱タイプ）······40g
　冷凍アプリコットピュレ（解凍しておく）···8g
　フランボワーズピュレ············適量
　冷凍グロゼイユ、ピスタチオ···各適量
　チョコ飾り（124ページ参照）·······適量

＊はちみつはオレンジやラベンダーなど、香りのよいものがおすすめ。

下準備

1 型にラップをかぶせて輪ゴムで固定し、ぴんと張って逆さにする。

2 アプリコットはシロップをよく切り、7mm厚さにスライスする。キッチンペーパーに並べ、上からもペーパーをかぶせて水気を十分に取る。

作り方

01

87ページのビスキュイを参照して、ビスキュイアマンドの生地を作る。ここでは薄力粉と一緒にアーモンドパウダーもふるい入れて作る。オーブンシートに約24×18cmの長方形にL字パレットで伸ばす。

Point!
何度もパレットで生地をなでつけると気泡がつぶれてしまうので、なるべく一気に平らに伸ばすこと。

02

190度のオーブンで8〜9分焼く。すぐに天板からはずし、オーブンシートをかぶせてさます。シートをはがし、15.2×10.2cmの長方形を2枚カットする。

Point!
ビスキュイは伸縮性があるので、型より2mm程度大きくカットしておくとぴったりフィットする。

03

カットしたビスキュイの焼き面にポンシュを刷毛で軽めに染みこませる。残りのポンシュは取っておく。

Original recipe オリジナルレシピ amis

04
ムース・アプリコを作る。ピュレに砂糖、ふやかしてレンジで溶かしたゼラチン、レモン汁を順に加える。

05
ボウルごと氷水にあて、混ぜながら冷やす。

> Point!
> 冷やしすぎると濃度がつきすぎ、このあと平らに流しにくくなるので注意。ゼラチンの熱が取れるくらいでよい。

06
7分立ての生クリームを加えてまんべんなく混ぜ合わせる。

07
ラップを敷いた型に一気に流し入れ、トレーごとトントンと軽く台に打ちつけて平らにならす。冷蔵庫で冷やして表面を固める。

08
ジュレ・アプリコを作る。ピュレ、砂糖、ふやかしてレンジで溶かしたゼラチンを順に加えて混ぜ合わせる。

09
ムース・アプリコの上に一気に流し、同様に軽く台に打ちつけて平らにならす。10分ほど冷蔵庫で冷やす。

> Point!
> ムース・アプリコが冷えているので、一気に流さないとすぐに固まってきて平らになりづらい。1層ずつ平らに重ねていくのがポイント。

10
ビスキュイを焼き面を下にしてのせ、平らになるように軽く押して密着させる。上面にポンシュを少し多めに染みこませ、冷蔵庫で冷やしておく。

> Point!
> ビスキュイの角や端を無理に押しこまないように注意する。

11
ババロア・ミエルを作る。29ページのプロセス4～7を参照してソース・アングレーズを炊く。

12
うっすらとろみがついてきたら火を止め、ふやかしたゼラチンを加えて溶かす。

13
はちみつを入れたボウルにあけてよく混ぜる。

18
逆さにしてラップをはがす。アプリコットピュレとナパージュを混ぜ合わせ、適量を上面全体にむらなく塗る。

14
ボウルごと氷水に当て、混ぜながら冷やしてとろみをつける。

19
フランボワーズピュレ少量に同量のナパージュを混ぜ、パレットで等間隔にのせて模様をつける。

15
7分立ての生クリームを加え、まんべんなく混ぜる。

20
126ページを参照して型から抜く。

16
10の上に流し、平らにならす。スライスして水気を切ったアプリコットを全体にちらし、ババロアの高さまで押しこむ。

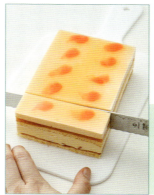

21
ナイフを温めて5等分する。冷凍グロゼイユ、ピスタチオ、チョコ飾りをのせて仕上げる。

> **Point!**
> ナイフは切るたびにペーパーで拭い、ガス台の火やバーナーで温め直してから次をカットするときれいに切れる。

17
型の側面にババロアがついてしまったときや、層がまっすぐになっていないときは、ペーパーでまっすぐなラインになるようにふき取る。ポンシュを染みこませたビスキュイを裏返しにしてのせ、平らになるように軽く押して密着させる。冷蔵庫で冷やし固める。

53

Arranged recipe from amis

ライチ×ストロベリーの組み合わせ

繊細な風味のライチと、やさしい酸味のストロベリーの組み合わせにアレンジ。フェミニンでかわいらしく仕上がります。2種のフルーツムースはピュレの種類を変えて作るだけなのでかんたんです。間に挟む果肉は、ムースと同じ味のいちごではなく、あえてフランボワーズを使い、強い酸味で味わいにメリハリをきかせてあります。

分量アレンジ

ムース・アブリコ	→	冷凍アプリコットピュレを冷凍ライチピュレ 55g に変えてムース・ライチに
ムース・アブリコ	→	冷凍アプリコットピュレを冷凍ストロベリーピュレ 55g に変えてムース・フレーズに
ババロア・ミエル	→	不要
ポンシュ	→	コアントローをキルシュ 10g に変える
ジュレ・アブリコ	→	冷凍アプリコットピュレを冷凍ストロベリーピュレ 50g に変える
具材	→	アプリコット(缶詰)を冷凍フランボワーズ適量に変える
デコレーション	→	冷凍アプリコットピュレを冷凍ストロベリーピュレ適量に変える

Arrange Point

1 オリジナルレシピの下準備を参照して型にラップを敷き、冷凍フランボワーズをくずしてちらす。ムースを流す直前まで冷凍庫に入れておく。

4 ムース・フレーズを流したら、アプリコットの果肉のかわりに、冷凍フランボワーズを凍ったまま半分ほどに割って型にちらす。すぐに押しこまないとムースが固まってしまうので、のせたらひとつずつムースの高さまで押しこむ。

2 ムース・ライチはアプリコットピュレのかわりに冷凍ライチピュレで同様に作り、型に流す。ビスキュイに染みこませるポンシュは、コアントローのかわりにキルシュを使い、型にのせる。ムース・フレーズは、アプリコットピュレのかわりに冷凍ストロベリーピュレで同様に作る。

5 仕上げはナパージュをそのまま塗り、ストロベリーピュレをパレットでところどころにのせて軽く色づける。型から抜いて5等分し、いちご、フランボワーズ、冷凍グロゼイユで飾る。

3 ジュレはアプリコットピュレのかわりに冷凍ストロベリーピュレで同様に作る。ピュレがビスキュイに染みこんでしまうのを防ぐため、少し冷やしてとろみをつけてから、スプーンで型の中に入れて平らにならす。ストロベリー味のジュレとムースを重ねて味に一体感を出したいので、オリジナルレシピとは、重ねる順番を変えてある。

Original recipe
オリジナルレシピ

Yanis
ヤニス

香ばしいキャラメルナッツから作られたアーモンドプラリネペースト入りのババロアに、濃厚なチョコレートクリームを重ねました。生地はソフトな食感のビスキュイとサクサクとした食感のフィヤンティーヌを組み合わせ、味と食感が単調にならないように工夫しています。

材料 <small>長径3cm、高さ3.5cmの楕円変形セルクル6個分</small>

ビスキュイ・ショコラ・サンファリーヌ
- 卵白 ………………………… 1個分
- 砂糖 ………………………… 30g
- 卵黄 ………………………… 1個
- ココア ……………………… 13g

ババロア・オ・プラリネ
- 牛乳 ………………………… 50g
- 卵黄 ………………………… 1個
- 砂糖 ………………………… 20g
- 粉ゼラチン ………………… 4g
- （水20gでふやかしておく）
- アーモンドプラリネペースト … 30g
- インスタントコーヒー（粉末） … 1g
- 生クリーム（7分立て） ……… 70g

ポンシュ（材料を混ぜ合わせておく）
- 水 …………………………… 25g
- グランマルニエ …………… 15g

シャンティ・ショコラ
- スイートチョコレート（カカオ分55%、刻んでおく）
  …………………………………… 34g
- 生クリーム（6分立て） ……… 56g

フィヤンティーヌ
- スイートチョコレート（カカオ分55%） … 6g
- アーモンドプラリネペースト … 6g
- パユテ・フォユティーヌ …… 10g

デコレーション
- インスタン・コーヒー（粉末） … 適量
- （微量の水で濃く溶く）
- ナパージュ（非加熱タイプ） … 適量
- チョコ飾り（124ページ参照） … 適量
- 金箔スプレー ……………… 適量
- ケーキピック ……………… 6枚

＊パユテ・フォユティーヌは、クレープ生地を薄く焼いてフレーク状にした市販品。

アーモンドプラリネペーストとは？

アーモンドにキャラメルをからめてローストし、ローラーでペースト状に挽いたもの。ババロア、クリーム、アイスクリーム、ガナッシュなどに混ぜて使う。保存は冷蔵、または冷凍。古くなると酸化臭が出るので早めに使い切ること。

下準備

ラップを敷いたトレーの上に型をのせる。型がずれないように型のまわりにラップを寄せて軽く固定し、冷凍庫で冷やしておく。

作り方

01
ビスキュイ・ショコラ・サンファリーヌを焼く。卵白と砂糖をボウルに入れ、ハンドミキサーの高速で泡立てる。ボリュームがあり、ねっちりとつやのあるメレンゲになるまで泡立てる。

> **Point!**
> 最初から砂糖を加えるのでボリュームが出づらく、泡立つのに時間がかかるが、しっかりボリュームが出るまでよく泡立てること。

02
ハンドミキサーの泡立て器をはずして手に持ち、卵黄を加えてざっと軽く混ぜる。完全に混ざりきらなくてよい。

> **Point!**
> 卵黄の油分がメレンゲの泡を消すので、混ぜるのは卵黄の濃い黄色部分がなくなる程度にとどめる。

03
ココアを直接ふるい入れる。

04
ゴムべらで真ん中を縦に切って底からすくい、「の」の字を描くイメージで全体を大きく混ぜる。反対の手でボウルも回しながら混ぜるとよい。やっとココアが見えなくなった程度で混ぜ終える。メレンゲが多少マーブル状に残っていてもよい。決して合わせすぎないように。

05
オーブンシートに約20×26cmの長方形にL字パレットで一気に伸ばす。

> **Point!**
> 均一に火が入るよう、厚みを均一に伸ばす。何度も伸ばすと気泡がつぶされて、薄く焼き上がってしまうので一気に作業するのがコツ。小麦粉が入らないデリケートな生地なので、とくに注意して伸ばすこと。

06
190度のオーブンで8〜9分焼く。すぐに天板からはずし、オーブンシートをかけてさます。シートをはがし、型で12枚抜く。

07
ババロア・オ・プラリネを作る。29ページを参照してソース・アングレーズを炊き、とろみがついたら火を止め、ふやかしたゼラチンを加えて溶かす。

08
アーモンドプラリネペーストとインスタントコーヒーを入れたボウルに開け、よく混ぜ合わせる。

12
ビスキュイ6枚の焼き面に、ポンシュを刷毛で軽く染みこませる。裏返して**11**の上にのせ、軽く押してババロアに密着させ、平らにする。上面にもポンシュを染みこませる。

09
ボウルごと氷水にあて、混ぜながら冷やしてうっすらとろみをつける。

> Point!
> とろみをつけすぎるとこのあと平らに流しにくくなるので、うっすらと濃度がつく程度にとどめる。

13
シャンティ・ショコラを作る。スイートチョコレートを湯煎で溶かし、40〜45度に調節する。

> Point!
> 温度が低いと、生クリームを入れたときにチョコレートが固まってだまになりやすくなる。

10
7分立てに泡立てた生クリームを合わせ、まんべんなく混ぜる。

14
6分立ての生クリームを半量加え、すぐに泡立て器でぐるぐると混ぜる。つややかなガナッシュ状になるまでしっかり混ぜる。

11
冷やしておいた型に6等分して流す。できるだけ型の上部につかないようにそっと流すこと。型が動かないようにそっと冷凍庫に移動させ、30分ほど冷やして表面を固める。

> Point!
> 型が動いたり浮いたりするとババロアが下からもれるので注意。

Original recipe Yanis
オリジナルレシピ

15

残りの生クリームを加え、泡立て器でざっと混ぜる。半分くらい混ざったら、ゴムべらにかえて全体を大きく混ぜる。

> **Point!**
> 泡立て器でずっと混ぜているとボソボソに分離してくるので注意。必ずゴムべらに持ちかえる。

16

ビニール製の絞り袋に入れ、先を1cm程度カットする。12の上に6等分して平らに絞る。

17

フィヤンティーヌを作る。スイートチョコレート、プラリネペーストを合わせて湯煎かレンジで溶かし、パユテ・フォユティーヌを加えてよく混ぜ合わせる。

> **Point!**
> チョコレートとプラリネペーストをからめることで、湿気づらくなり、食感が保てる。

18

16の中央部分にスプーンでのせ、軽く押しこむ。

19

残りのビスキュイの焼き面にポンシュを染みこませ、型の上に裏返してのせ、軽く押えて平らに密着させる。冷凍庫で凍らせる。

20
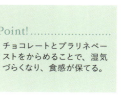
完全に凍ったら裏返してラップをはがす。インスタントコーヒーに微量の水を加えて濃いコーヒー液を作り、刷毛に軽くつけてババロアの表面にさっと模様をつける。

21
ナパージュを上から塗り、つやを出す。126ページを参照して型から抜き、チョコ飾りを刺して金箔スプレーをかける。ケーキピックを刺して飾る。

Arranged recipe from Yanis
アレンジレシピ

グラサージュのつややか仕上げ

プラリネのババロアをキャラメルに変えてほろ苦い味わいにアレンジ。デコレーションもキャラメル味に合わせ、コーヒーとナパージュのかわりに、ほんのりビターなグラサージュ・ショコラを使いました。つややかで美しく、高級感のある仕上がりです。

Arranged recipe from Yanis

アレンジレシピ

型のサイズ	
直径6cm、高さ3.5cmのセルクル	

分量アレンジ	
オリジナルレシピの分量で5個分	
ババロア・オ・プラリネ →	アーモンドプラリネペーストをキャラメルソース（砂糖20g、水10g、生クリーム20g）に変えてババロア・キャラメルに
デコレーション →	インスタントコーヒーとナパージュをグラサージュ・ショコラに変える（16ページを参照し、その2倍量を用意する）
ビスキュイ →	セルクルで10個抜く

Arrange Point

1 小鍋で砂糖と水を中火で煮詰め、焦げ茶色程度に濃く焦がす。あらかじめ温めておいた生クリームをそっと加えて混ぜる。十分さましてからゼラチン入りのソース・アングレーズと混ぜ合わせる。ラップを敷いて並べた型に5等分に流す。ビスキュイ、シャンティ・ショコラ、フィヤンティーヌはオリジナルレシピと同様に重ねて冷凍する。

2 19ページを参照してグラサージュ・ショコラを作る。2倍量で作ると作業しやすい。冷やしてとろみをつける。とろみをつけないとムースから流れ落ちて薄くかかってしまう。

3 バットやトレーの上に網をのせ、ババロアを型から抜いて間をあけて並べる。ふちをパレットでなでて角をなだらかにし、グラサージュをかけたときに角を出づらくする。

4 グラサージュ・ショコラをレードルですくい、全体にたっぷりかける。少しずつより一気にたっぷりとかけると、勢いで自然と流れ落ち、均等にコーティングできる。かかっていないところがないように注意する。

5 すぐにパレットで上面を軽くすり切り、余分を落とす。こそぎ取りすぎてババロアが見えないように気をつける。グラサージュが固まってくるので、手早く作業するように。

6 余分が十分落ちたら、そっと金トレーや皿に移す。チョコ飾りを刺し、金箔をちらす。

anette
アネット

強烈な酸味と深い紫色で、見た目も味もインパクトの強いカシスムースのプティガトー。味のバランスを取るため、中にはまろやかなホワイトチョコレートとクリームチーズのムースを入れています。作り方はいたってシンプルですが、変形セルクルで作ることで、スタイリッシュな雰囲気に仕上げました。

材料 —— 一辺約 6.5cmの変形三角セルクル 4 個分

ビスキュイ
- 卵白 1個分
- 砂糖 30g
- 卵黄 1個
- 薄力粉 30g

ムース・カシス
- 冷凍カシスピュレ 70g
- 砂糖 20g
- 粉ゼラチン 4g
- (水 20g を加えてふやかしておく)
- カシスリキュール（クレーム・ド・カシス）... 10g
- 生クリーム（8 分立て）................... 75g

ムース・ブラン
- ホワイトチョコレート 12g
- 砂糖 4g
- 牛乳 12g
- 粉ゼラチン 1g
- (水 5g を加えてふやかしておく)
- クリームチーズ 35g
- 生クリーム（8 分立て）................... 15g
- 冷凍カシスホール 16粒

デコレーション
- ナパージュ（非加熱タイプ）............ 30g
- カシスピュレ 6g
- ブラックベリー、フランボワーズ、ブルーベリー
  .... 各適量
- 金粉 .... 適量

作り方

01
87 ページを参照し、ビスキュイの生地を作る。オーブンシートに 24 × 20cm程度にパレットで伸ばす。

Point!
何度もパレットで生地をなでつけると気泡がつぶれてしまうので、なるべく一気に平らに伸ばす。

02
190 度のオーブンで 8～9 分焼く。すぐに天板からはずし、オーブンシートをかぶせてさます。

03
シートをはがし、型で底用に 4 枚抜く。中用は 3cm角の正方形に 4 枚カットする。ラップを敷いたトレーに型を置き、型の底用のビスキュイをはめる。

04
ムース・カシスを作る。ピュレに砂糖、ふやかしてレンジで溶かしたゼラチン、リキュールを順に加える、ボウルごと氷水にあてて混ぜながら冷やし、とろみをつける。

Point!
かなりどろっとするまで強くとろみをつけておくと、このあと型に塗りつけやすい。

05

8分立ての生クリームを加えてまんべんなく混ぜ合わせる。

09

準備した型にムース・カシスを30g程度入れ、スプーンの背で側面にふちまで塗りつける。この作業をすることで側面に気泡が入ったり、中に入れるムース・ブランが見えるのを防ぐ。

06

ムース・ブランを作る。ホワイトチョコレート、砂糖、牛乳を容器に入れ、レンジにかける。沸騰したら取り出してよく混ぜ、ホワイトチョコレートを溶かす。ふやかしてレンジで溶かしたゼラチンを加える。

10

中心に中用ビスキュイをのせ、軽く押しこむ。ムース・ブランを4等分して流し入れ、ざっと平らに流す。

07

室温に戻したクリームチーズをなめらかになるまで練り、6を3回に分けて加え、そのつどよく混ぜる。

11

冷凍カシスホールを凍ったまま4個ずつのせ、ムースの高さまで軽く押しこむ。

08

8分立ての生クリームを合わせ、まんべんなく混ぜる。

12

残りのムース・カシスを入れ、パレットで型のふちですりきり、平らにする。冷蔵庫で冷やし固める。

Point!
この段階で冷凍も可能。冷凍臭がついたり乾燥しないようにしっかり密閉する。解凍するときは冷蔵解凍すること。

14

カシスナパージュを作る。ナパージュにカシスピュレを混ぜ、茶漉しで漉す。

15

固まったムース・カシスの上にパレットで適量をむらなく塗る。

16

126ページを参照して型から抜き、細い刷毛や筆の先に金粉をつけ、軽くふる。ブラックベリー、フランボワーズ、ブルーベリーを飾る。

ホワイトピーチピュレで甘ずっぱいプティガトー

カシスよりもおだやかな風味のホワイトピーチピュレ（ペッシュブラン）にかえてムースを作るだけのかんたんアレンジです。ここではムースのやさしいピンク色に合わせ、涙形の「ラルム」型を使って見た目もイメージチェンジしています。

型のサイズ
長辺約7cmのラルム型。オリジナルレシピと同じ三角型を使ってもよい。

分量アレンジ

ムース・カシス	→ 冷凍カシスピュレを冷凍ホワイトピーチピュレ70gに変える
具材	→ 冷凍カシスホールを冷凍グロゼイユ約16粒に変える
仕上げ	→ 冷凍カシスピュレを冷凍ホワイトピーチピュレ6g、冷凍グロゼイユ適量に変える

Arrange Point

1 カシスピュレをホワイトピーチピュレにかえて、同様にムース・ペッシュを作る。組み立てはオリジナルレシピと同様に作る。

2 ホワイトピーチはおだやかな風味なので、アクセントに冷凍グロゼイユを入れる。冷凍フランボワーズでも可。ムースをすり切ったあともグロゼイユを押しこみ、色合いを生かして模様にする。

3 ナパージュにホワイトピーチピュレを混ぜ、上面に塗る。フランボワーズとチョコ飾り（124ページを参照）をのせて仕上げる。

Arranged recipe from
anette
アレンジレシピ

Original recipe
オリジナルレシピ

Theo
テオ

紅茶風味のジェノワーズ生地に、なめらかな紅茶のバタークリームをサンド。まわりにカリカリとした食感のクラックランをまぶしました。ジェノワーズは薄力粉とコーンスターチを半量ずつ合わせることで、軽く歯切れよく仕上げ、各パーツの食感の違いを強調しています。間に薄く挟んだフランボワーズジャムは、紅茶の風味によく合い、酸味がよいアクセントになっています。ここでは一番かんたんなアレンジとして、紅茶を加えないプレーンタイプも一緒にご紹介します。

材料　長さ18.5cm、幅7.5cmのとい型1台分

ジェノワーズ
- 全卵 …………………………………… 72g
- 砂糖 …………………………………… 36g
- 薄力粉 ………………………………… 25g
- コーンスターチ ……………………… 25g
- アールグレイ茶葉（細かくしたもの）… 3g
- 食塩不使用バター …………………… 13g

紅茶風味のバタークリーム
- 牛乳 …………………………………… 50g
- 卵黄 …………………………………… 1個
- 砂糖 …………………………………… 35g
- 紅茶パウダー ………………………… 2g
- 食塩不使用バター（常温に戻す）…… 70g
- フランボワーズジャム ……………… 30g

クラックラン
- 砂糖 …………………………………… 35g
- 水 ……………………………………… 12g
- アーモンドダイス …………………… 40g

デコレーション
- 溶けない粉糖 ………………………… 適量

アールグレイ、紅茶パウダー

ジェノワーズに使うアールグレイの茶葉は、ミルサーで細かくして使う（ティーバッグの中身でもよい）。バタークリームに使う紅茶パウダーはセイロンティーを粉末にした市販品を使用。

下準備

クッキングペーパーを18×18cmにカットし、とい型の内側に敷きこむ。

作り方

01
ジェノワーズを焼く。全卵をほぐして砂糖を加え、弱火にかけ、ハンドミキサーのホイッパーでかき混ぜながら40度程度（指を入れてしばらくすると熱く感じるぐらい）まで温めたら、ハンドミキサーの高速で泡立てる。

02
白っぽくなり、もこもこと泡立て器の跡がつき、持ち上げるとゆっくり落ちるぐらいまで泡立てる。

03
薄力粉とコーンスターチ、アールグレイを合わせてふるい入れて、ゴムべらで粉っぽさがなくなるまで合わせる。

69

Original recipe　オリジナルレシピ　Theo

04
粉っぽさがなくなってから、さらに10回ほど合わせる。

> **Point!**
> 合わせが足りないときめが粗くぼそぼそとした生地に、合わせすぎると気泡が消え、詰まったボリュームのない生地に焼けるので注意。

05
レンジで溶かしたバターを加え、全体をまんべんなく混ぜる。バターの油分が気泡を消すので、ここではバターが混ざったら混ぜ終え、混ぜすぎないように。

06
用意した型に流しこみ、180度で25分ほど焼く。

07
焼けたら乾燥しないよう型をかぶせたまま完全にさます。型の両端にナイフを入れ、裏返して型から出す。

08
紅茶風味のバタークリームを作る。29ページを参照してソース・アングレーズを炊く。ここでは半量の砂糖、卵黄と一緒に紅茶パウダーを入れて同様に作る。ポタージュ状のとろみがついたら炊きあがり。目安温度は83度ほど。

> **Point!**
> 加熱が足りないと卵臭さが残り、バターとも乳化しづらいのでしっかり火を通す。ただし加熱しすぎると粒状に固まり始めるので注意。

09
すぐに火を止めてボウルにあけ、十分にさます。温かいと、このあとバターに加えたときにバターが溶け出してしまうので、必ず20度以下にしておく。

10
常温で柔らかくしたバターに 9 を 3〜4 回に分けて加える。加えるごとにハンドミキサーの中速で混ぜ合わせる。

> **Point!**
> バターはマヨネーズ程度の固さにしておくとソース・アングレーズと乳化させやすい。一気に加えると分離してしまうので注意。加えるたびによく混ぜ、空気を含んで白っぽくなり、しっかり乳化したのを確認してから次を加えること。

13
すぐにアーモンドダイスを加え、ゴムべらで混ぜる。

14
混ぜ続けるとシロップが結晶化し、白っぽくポロポロとしてくる。さらに中火にかけ、混ぜながら炒る。

> **Point!**
> シロップの煮詰めがたりないと、結晶化しないので注意。

11
ソース・アングレーズをすべて加え、白っぽくなめらかな状態になるまでよく混ぜ合わせたら出来上がり。

12
クラックランを作る。砂糖と水を小鍋に入れ、中火にかける。シロップが煮詰まって濃度がついてきたら（約 118 度）火を止める。

15
うっすらと色づきはじめたくらいで火を止め、オーブンシートの上に広げてさます。

> **Point!**
> ここでは紅茶の香りが負けてしまわないよう、濃い色がつくまで炒らず、ほんのり香ばしいくらいにとどめる。

71

Original recipe オリジナルレシピ Theo

16
組み立てる。ジェノワーズを水平に3枚スライスする。

17
下段のジェノワーズにバタークリームの1/3量を塗り広げる。フランボワーズジャムをビニール製の絞り袋に入れ、先を8mm切る。間をあけて2本絞る。

18
中段のジェノワーズをのせ、軽く押さえる。同様に1/3量のクリーム、フランボワーズジャム、上段のジェノワーズを重ねる。

19
外側全体にもバタークリームを均等に塗る。

20
クラックランを上面全体にまぶす。側面につけるときは、手を側面に軽く添えながらクラックランをちらすとうまくつけられる。

21
溶けない粉糖を茶こしかシュガーシェイカーでふり、温めたナイフで好みの幅にカットする。

プレーンの場合
生地はアールグレイ茶葉のかわりにレモン皮のすりおろし1/3個分を溶かしバターと一緒に加える。バタークリームは紅茶パウダーを加えずに作る。

Arranged recipe from *Theo*

アレンジレシピ

香り高いエスプレッソ風味

アールグレイのかわりにエスプレッソ用の細挽きコーヒー豆を加え、
クリームやクラックランもエスプレッソに合わせてアレンジします。

Arranged recipe from
Theo アレンジレシピ

型のサイズ
オリジナルレシピと同じ

分量アレンジ		
ジェノワーズ	→	アールグレイ茶葉をエスプレッソ用コーヒー豆（細挽き）4g に変える
バタークリーム	→	紅茶パウダーをラム酒少々で溶いたインスタントコーヒー（粉末タイプ）3g に変える
フランボワーズジャム	→	不要

Arrange Point

1 ジェノワーズにはアールグレイのかわりに細挽きにしたエスプレッソ用のコーヒー豆を加えて同様に作る。コーヒー豆そのものを焼きこむので、香り高く焼ける。インスタントコーヒーで代用するさいは2g加える。

2 紅茶パウダーを加えずにバタークリームを作り、最後にラム酒で溶いたインスタントコーヒーを加え、よく混ぜて使う。バタークリームは飾り用に少量取っておく。

3 オリジナルレシピと同様にジェノワーズを切ってバタークリームをサンドする。ただし、味が合わないのでフランボワーズジャムはサンドしない。

4 クラックランはオリジナルレシピより濃い茶色になるまで香ばしく炒ると、エスプレッソの風味とバランスが取れる。くっつかないよう、ばらばらに広げてさまし、さめてからもきちんとほぐす。

5 星口金をつけた絞り袋に残しておいたバタークリームを入れ、上面に絞って飾る。チョコ飾り（124ページ参照）をのせて接着する。

Original recipe
オリジナルレシピ

Arbert
アルベルト

ビターチョコレートのガナッシュとコーヒー風味のバタークリームを重ねた定番ケーキ「オペラ」をマイルドな風味にアレンジ。薄いビスキュイ生地にはコーヒーとナッツを混ぜこみ、ミルクチョコレートのガナッシュとコーヒー風味のバタークリームをサンドしています。仕上げにキャラメリゼした歯応えのよいナッツをトッピングすれば、秋のティータイムによく合うやさしく香ばしい味わいです。

材料 長さ約10cm 5本分

ポンシュ
- 砂糖 ………………………………………… 12g
- 水 …………………………………………… 55g
- インスタントコーヒー（粉末）…………… 4g
- ラム酒 ……………………………………… 8g

ビスキュイ・ジョコンド・カフェノワ
- 卵白 ………………………………………… 50g
- 砂糖 ………………………………………… 30g
- 全卵 ………………………………………… 35g
- 粉糖 ………………………………………… 25g
- アーモンドパウダー ……………………… 25g
- 薄力粉 ……………………………………… 22g
- インスタントコーヒー …………………… 2g
- くるみ（細かく刻む）…………………… 15g

ガナッシュ・オレ
- ミルクチョコレート（細かく刻む）…… 30g
- 生クリーム ………………………………… 23g

ソース・アングレーズ
- 卵黄 ………………………………………… 1個
- 砂糖 ………………………………………… 30g
- 牛乳 ………………………………………… 60g

クレーム・カフェ
- ソース・アングレーズ ………… 上記から 50g
- 食塩不使用バター（常温で柔らかくする）… 60g
- ラム酒 ……………………………………… 4g
- インスタントコーヒー（粉末）…………… 2g

デコレーション
- ミルクチョコレート（細かく刻む）…… 15g
- 生クリーム ………………………………… 12g
- ナパージュ（非加熱タイプ）…………… 適量

ナッツのキャラメリゼ
- 砂糖 ………………………………………… 15g
- 水 …………………………………………… 10g
- 好みのナッツ（アーモンド、くるみ、ヘーゼルナッツなど）
  ……………………………………… 合わせて 40g
- ピスタチオ、金箔 ……………………… 各適量

下準備

・ポンシュを作る。水と砂糖をわかし、インスタントコーヒーを溶かす。さましてからラム酒を加える。
・キャラメリゼ用のナッツは1cm角程度にカットしておく。

作り方

01
ビスキュイ・ジョコンド・カフェノワを作る。卵白を泡立て、とろりと泡立ったくらいで砂糖を全量加えてさらにしっかりと固いメレンゲになるまで泡立てる。

02
別のボウルで全卵、粉糖、アーモンドパウダーを合わせ、ハンドミキサーでもったりと白っぽくなるまで攪拌する。メレンゲを半量加え、ざっと合わせる。

03
薄力粉とインスタントコーヒーを合わせてふるい入れ、ゴムべらで合わせる。

04

残りのメレンゲと刻んだくるみを合わせ、まんべんなく混ぜる。

08

クレーム・カフェを作る。29ページを参照してソース・アングレーズを作り、さます。ここから50gを計量して使う。使う分量は少ないが、無理に少量で作るより、作りやすい分量で作って半量だけ使うほうが失敗のリスクが少ない。

05

オーブンシートの上にパレットで約27×22cmに伸ばし、200度のオーブンで8分ほど焼く。乾燥しないようにオーブンシートをかぶせてさます。

09

常温でマヨネーズ程度に柔らかくしたバターに8を3〜4回に分けて加え、そのつどハンドミキサーでよく混ぜ合わせる。ソース・アングレーズが温かいとバターが溶けてしまうので、十分さめたものを加える。

06

シートをはがし、十字にカットして4等分にする。周囲は切りそろえなくてもよい。

10

ラム酒で溶いたインスタントコーヒーを加え、よく混ぜる。

Point!
よく混ぜ合わせることで、バターとたっぷりの水分が混ざり合い、なめらかで口溶けのよいクリームに仕上がる。

07

ガナッシュ・オレを作る。ミルクチョコレートと生クリームを容器に入れ、レンジにかける。ふつふつとわきはじめたら取り出してよく混ぜ、つややかなガナッシュにする。塗れる程度の固さで冷蔵庫で冷やす。

Point!
さらさらのままだとうまくサンドできないので、冷やして濃度をつける。途中で2〜3回ゴムべらで軽く混ぜてまんべんなく冷やす。ただし、あまりに混ぜすぎると分離してくるので注意。

Original recipe オリジナルレシピ Arbert

11
組み立てる。ビスキュイの焼き面すべてにポンシュをたっぷりと刷毛で染みこませる。

12
そのうちの一枚にクレーム・カフェの1/3量をのせ、パレットで平らにならす。はみ出るぐらいに端までしっかり広げる。

13
2枚目のビスキュイを裏返してのせ、軽く押さえて密着させる。残りのポンシュの1/3量を染みこませる。

14
冷やして濃度をつけたガナッシュ・オレを全量のせ、パレットで平らにならす。はみ出るぐらいに端までしっかり広げる。

15
3枚目のビスキュイを裏返してのせ、軽く押さえて密着させる。残りのポンシュの1/2量を染みこませ、残りのクレーム・カフェの1/2量を平らに塗る。

16
4枚目のビスキュイ、ポンシュ、クレーム・カフェを同様に重ねる。冷蔵庫で冷やし固める。

Point!
最後のクレーム・カフェの塗り方は仕上がりの美しさを左右するので、なるべく水平に整えておく。

17
デコレーションする。7と同様にガナッシュ・オレを作り、少しさまして35〜40度（少し温かく感じる程度）に調節する。

Point!
温度が高すぎるとクレーム・カフェが溶け出してしまい、逆に完全にさめるとケーキに塗った途端に固まり、均一に伸ばしづらい。

18
真ん中から一気に流しかけ、すぐにパレットを寝かせ気味にして全体に広げる。土台が冷えているので、手早く広げないと固まってきてしまう。

22
シロップが結晶化し、白っぽくポロポロとしてくるまで混ぜ続ける。

19
ガナッシュ・オレが固まったらナパージュを適量上面に塗り広げる。

Point!
パレットを寝かせ気味にして塗り、ガナッシュを削り取らないよう注意する。

23
さらに中火にかけたまま、混ぜながら炒る。煙が出るので必ず換気扇をつけ、やけどに注意する。

20
ナイフを温めながら周囲を切りそろえ、5等分する。

24
香ばしいキャラメル色になったらオーブンシートの上にほぐして広げ、完全にさます。

21
ナッツのキャラメリゼを作る。砂糖と水を小鍋に入れ、中火にかける。シロップが煮詰まって濃度がついてきたら（約118度）火を止めてナッツを加え、よく混ぜる。

25
20の上にのせ、刻んだピスタチオ、金箔を飾る。

Arranged recipe from *Arbert*
アレンジレシピ

80

ビターでメリハリのある味に

マイルドなミルクチョコレートのガナッシュを、ビターチョコレートで作ったガナッシュに変え、苦味をきかせてメリハリのある味にアレンジ。チョコレートの種類だけを単純に置きかえただけでは、分離したり柔らかくなりすぎてうまくサンドできないので、生クリームの配合も調整しています。ガナッシュに合わせてコーティングもビターチョコレートに変え、マットな仕上げにすることで、印象もがらりと変わります。

分量アレンジ

ガナッシュ・オレ	→	ビターチョコレート（カカオ分65%）27g、生クリーム27g に変える
デコレーション	→	ガナッシュ・オレをビターコーティングチョコレート70g に変える

Arrange Point

1 ガナッシュの配合を変え、手順はオリジナルレシピと同様に作り、冷やして濃度をつけてからサンドする。ビターチョコレートに変えたことで分離しやすいので、混ぜすぎや伸ばすときのさわりすぎは厳禁。ビスキュイやクレーム・カフェはオリジナルレシピと同様に作って組み立てる。

4 冷蔵庫で表面を冷やし固める。ナイフを軽く温め、まわりをまっすぐに切りそろえ、5等分する。切るたびにナイフを拭き、温め直すこと。温めないとコーティングがひび割れ、カット面がきれいにならない。

2 ビターコーティングチョコレートを湯煎で溶かし、少しさまして35〜40度（少し温かく感じる程度）に調節する。温度が高すぎるとクレーム・カフェが溶け出し、逆に完全にさますとかけた途端に固まり、均一に伸ばしづらい。

3 小さじ2杯程度を模様用に取っておき、残りをケーキの真ん中から一気に流しかけ、すぐにパレットを寝かせ気味にして全体に広げる。一気にかけることで、勢いで広がりやすくなる。パレットを立てるとコーティングを削ってしまいやすくなるので注意。

5 模様用のチョコレートをビニール製の絞り袋に入れて先をほんの少しだけ切り、好みの模様を描く。側面にパレットなどを当てておくと、側面についてしまうのを防げる。チョコ飾り（124ページを参照）や銀箔で飾る。

チョコレートのアレンジは失敗のもと！

あるレシピに「カカオ分55％スイートチョコレート」と記載されていました。このとき、「ビターなほうが自分好みだから」と、カカオ分70％のダークチョコレートに置きかえてアレンジしたら成功するでしょうか。
答えはNOです。
なぜなら、チョコレートは、カカオ分や成分の違いによって、性質が微妙に異なるからです。たとえば、チョコレートと生クリームを混ぜ合わせる「ガナッシュ」は、カカオ分の違うチョコレートに置きかえてしまうと、分離したり、柔らかくなりすぎたりします。
また、泡立てた生クリームにチョコレートを混ぜる「シャンティ・ショコラ」の場合には、レシピよりもカカオ分が低いチョコレートを使うと柔らかすぎて固まらなかったり、逆にカカオ分が高い場合だとぼそぼそでなめらかでないクリームになってしまったりします。どんなに手際よく作業したり、温度調整を完璧にしても、配合のバランスが悪いために失敗してしまうのです。
ムースやババロアも同様で、チョコレートの種類やカカオ分によって、冷やしたときの固まり具合が変わります。チョコレートの種類を変えるときには、ゼラチンなど、ほかの材料の配合もそれに合わせて見直さなければなりません。チョコレートの種類に合わせて配合を調整するのは、経験や知識が必要で、簡単なことではなく、むやみにアレンジすると失敗をすることになります。

チョコレートを使うお菓子は、
「配合を変えず、レシピどおりに作る」
のが原則なのです。

ガナッシュ・オレのレシピを別のチョコレートに変えてみると、ビターチョコレートはぼそぼそに、ホワイトチョコレートは濃度がつかず、どちらも大失敗。

同じ配合でも、ビターチョコレートにアレンジしたシャンティ・ショコラはぼそぼそで、見た目だけではなく口どけの悪い仕上がりに。

ムースやババロアは、チョコレートの種類に合わせてほかの材料も見直さないとうまく固まりません。

Decoration
Step 3

アイデア次第でバリエーションは無限大
自分好みのデコレーションにアレンジ

クリームはどんな風に絞る？ フルーツを飾って仕上げる？ それともナパージュでコーティング？ 味や形が同じでも、仕上げに変化をつけるだけで印象はまったく変わります。また、デコレーションは見た目だけでなく、味や食感にも影響を与えます。この章では、飾り方のバリエーションを広げるさまざまなテクニックをご紹介します。ぜひ、自分らしいデコレーションにチャレンジしてみてください。

クリームを絞る

絞り袋につける口金は、種類によっていろいろな形に絞り分けられます。また、同じ口金でもいくつかのパターンに絞ることができます。それぞれの口金の使い方を覚えれば、クリームを絞るだけでもたくさんのバリエーションを楽しめます。

グラサージュやナパージュを塗る

つややかなグラサージュ・ショコラをかければシックで大人っぽく、黄色や赤のナパージュで仕上げれば華やかになるなど、コーティングも素材を変えるとイメージが変わります。ケーキの味に合わせて素材を選びましょう。

チョコレートやフルーツを飾る

チョコ飾りが作れるようになれば、ひとつ飾るだけで一気に上級者の仕上がりに変身します。みずみずしく見せたいときにはフルーツを、香ばしい味わいのケーキにはナッツを飾るなど、イメージに合わせてトッピングすることで、より「おいしそう」に見せられます。

上手なデコレーションのコツ

デコレーションを決めるときに意識したいのは、見た目で「ケーキの味やフレーバーをイメージさせる」こと。そして、デコレーションすることで、味もよくなることが大事です。ケーキの味とまったく違うトッピングを飾ったり、グラサージュを分厚くかけすぎたりと、デコレーションで味のバランスが崩れてしまわないように注意しましょう。

仕上げでイメージはここまで変わる！
デコレーションのサンプルチャート

28ページで紹介した「デズリー」を、さまざまなデコレーションで仕上げてみました。見た目の印象が変わるだけでなく、仕上げ方によって味や食感まで変化することが分かります。

オリジナルレシピ
グラサージュ・オレ仕上げ

薄いパート・シュクレ・ショコラ生地にのせて、水玉模様を絞っています。

アレンジ 1
グラサージュ・ショコラ仕上げ

グラサージュの種類を変え、黒くシックな印象に。味もビターになります。

アレンジ 4
チョコ飾り仕上げ

丸い板状のチョコを飾り、ポップな印象に。

アレンジ 2
クリーム絞り仕上げ

15切りの星口金でクリームを絞ると、ボリュームがあってゴージャスに。クリームのぶんだけ、味わいもリッチに。

アレンジ 5
グラサージュ・ショコラ + チョコ飾り

同じチョコ飾りでも、シャープな形のものを使うことで、スタイリッシュに変身。

アレンジ 3
グラサージュ・ショコラ + クリーム仕上げ

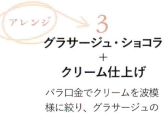

バラ口金でクリームを波模様に絞り、グラサージュのビターな味をやわらげ、やさしい味に仕上げます。

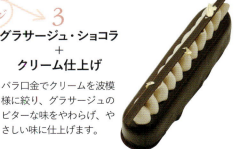

Ilène
イレーヌ

ヨーグルトたっぷりのさっぱりタイプのレアチーズケーキに、いちごの果実と酸味のきいたフランボワーズジュレを合わせました。ケーキのサイドにびっしりと並べたいちごは、味だけではなくデコレーションも兼ねています。上面はサントノーレ口金を使ってボリュームたっぷりにクリームも絞り、華やかに仕上げました。クリスマスや記念日にもおすすめのアントルメです。

材料　直径15cmのセルクル1台分

ビスキュイ
- 卵白 ……………………………………… 55g
- 砂糖 ……………………………………… 40g
- 卵黄 ……………………………………… 1個
- 薄力粉 …………………………………… 40g

ポンシュ（材料を混ぜ合わせておく）
- コアントロー …………………………… 10g
- 水 ………………………………………… 15g

いちご ……………………………………… 適量

ヨーグルトレアチーズ
- クリームチーズ ………………………… 100g
- 砂糖 ……………………………………… 35g
- プレーンヨーグルト …………………… 140g
- 粉ゼラチン ……………………………… 5g
  （水25gでふやかしておく）
- 生クリーム（8分立て）………………… 120g

ジュレ・フランボワーズ
- 冷凍フランボワーズピュレ（解凍する）…… 55g
- 砂糖 ……………………………………… 5g
- 粉ゼラチン ……………………………… 2g
  （水10gでふやかしておく）

冷凍フランボワーズ（なくてもよい）…… 適量

デコレーション
- 生クリーム ……………………………… 100g
- 砂糖 ……………………………………… 10g
- いちご、フランボワーズやグロゼイユなど
  ………………………………………… 各適量
- ケーキピック …………………………… 1枚

作り方

01
ビスキュイを焼く。卵白をボウルに入れ、ハンドミキサーの高速で泡立てる。ボリュームが出て、ミキサーの跡が残るくらいになったら、2回に分けて砂糖を加える。全体がもこもこしてしっかり固く、つやのあるメレンゲになる。

02
卵黄を加える。ハンドミキサーの泡立て器を1本はずし、ざっと軽く混ぜる。完全に混ざりきらないくらいでよい。

03
薄力粉を直接ふるい入れる。ゴムべらで粉を押しつけて漉し出すとちらばらずに入れられる。ボウルを回しながらゴムべらで真ん中を切っては底からすくい、「の」の字を描くイメージで全体を大きくさっくり混ぜる。

Point!
やっと粉が見えなくなった程度で混ぜ終える。少しまだらな部分が残っていてもよい。混ぜすぎないように注意。

04
1cmの丸口金をつけた絞り袋に入れ、底用に直径17cm、中用に直径12cmの円盤状に絞る。口金の太さで一定の厚みに絞る。

Original recipe オリジナルレシピ Ilène

05
180度のオーブンで10分ほど焼く。さめたらシートをはがし、直径17cmのほうは型と同じ大きさにカットする。

09
8分立てに泡立てた生クリームを加え、均一に混ぜ合わせる。ジュレを作る間、10分ほど冷蔵庫に入れてとろみをつけておく。

06
底用のビスキュイを型に敷きこみ、上面にポンシュを刷毛で染みこませる。いちごはヘタをとり、半割りにして切り口側を型に張りつけてぎっしり並べる。

Point!
いちごにすき間があると仕上がったときにきれいに見えないので、きつめにぎっしり詰める。

10
ジュレ・フランボワーズを作る。解凍したピュレに砂糖、ふやかしてレンジで溶かしたゼラチンを順に加えて混ぜる。

11
ボウルごと氷水につけ、混ぜながらどろっとするまで冷やして濃度をつける。

Point!
液状のままだとこのあと組み立てづらいので、とろみをつけてから使う。

07
ヨーグルトレアチーズを作る。クリームチーズを室温に戻して柔らかくし、砂糖、プレーンヨーグルトを順に加え、そのつどなめらかになるまで混ぜる。

12
ヨーグルトレアチーズを型に半量ほど流す。スプーンの背で型のふちまでなすりつけ、いちごをすべて覆う。

08
水でふやかしておいた粉ゼラチンをレンジで溶かし、混ぜながら加える。

13
真ん中のくぼみにジュレ・フランボワーズを平らにのせる。あれば冷凍フランボワーズを軽くほぐしてちらし、軽く押しこむ。

14

中用ビスキュイの周囲を切りそろえ、裏返して真ん中にのせ、軽く押しこむ。残りのヨーグルトレアチーズを流し、パレットで上面をすり切る。冷蔵庫で冷やし固める。

15

デコレーションする。砂糖を加えて8分立てに泡立てた生クリームを上面に薄く塗り、126ページを参照して型を抜く。

16

20mmのサントノーレ口金をつけた絞り袋に**15**の残りの生クリームを入れ、上面に絞っていく。絞る前に完成図をしっかり頭に思い描く。ここでは左記の図のように扇形になるように一方向にカーブをつけて絞る。

17

絞り袋を垂直に持ち、ケーキの上面から5mmほどの高さに口金がくるように構える。ふちから2cmほど内側のところでクリームを絞り出す。クリームがふちまで到達したら、そのままクリームを押し出しながら少しカーブをつけてラインを絞る。絞り終わりはすっと口金を手前に引くと、クリームが自然に切れる。

18

16の図のように、1本目は短く、徐々にラインを長く、カーブをゆるくしながらすき間なく絞っていく。

19

真ん中以降は、また徐々にラインを短く、カーブがきつくなるように絞り、扇形にする。

20

いちごはヘタを取り、半分に切ったり、縦にスライスしたり、細かく切りこみを入れて扇のように広げたりと、数種類の飾り切りを用意する。

21

クリームを絞っていない余白部分に、立体感が出るようにいちごやフランボワーズ、グロゼイユなどを盛りつけ、ケーキピックを飾る。

Point!
扇形や丸ごとのいちごなど、大きめのものからのせ、半割りのいちごやフランボワーズ、グロゼイユなど小さなものはバランスを見ながらすき間を埋めるようにのせると美しく仕上がる。

89

Arranged recipe from
Ilène

中心に向かって均等に絞る

デザイン

花びらのように中心に向かってカーブをつけて等間隔に短く絞り、中心にフルーツを盛りつける。

Arrange Point

ふちの2cmほど内側から絞りはじめ、クリームがふちまで到達したら、ケーキの中心に向かってややカーブさせながら絞る。すべての絞りが同じサイズ、角度、等間隔になるように絞るのが美しく仕上げるコツ。フルーツもオリジナルレシピと同様に立体感を出して盛りつける。

同じ口金で違うデザインに絞る

上面のクリームの絞り方だけを変えたアレンジ。同じ口金を使ってもひと工夫でイメージをかんたんに変えられます。絞り袋の持ち方など、クリームの基本的な絞り方はオリジナルレシピと同様です。

アシンメトリーにウェーブさせて絞る

デザイン

ウェーブさせながら、ひと筆書きで一気に絞る。絞りは片側に寄せ、あいたスペースにフルーツやチョコ飾り（124ページ参照）を飾る。フルーツは大きなものから順に、立体的に飾るように。

Arrange Point

ケーキの中心より右寄りから絞りはじめ、最初は短く、徐々に幅を広げ、真ん中をすぎたらまた短くなるようウェーブさせながら一気に絞る。絞りの太さが途中で変わらないよう、クリームを押し出す量を一定に保つのがポイント。絞り終わりは内側にすっと引くと自然にクリームが切れて美しく仕上がる。

Original recipe
オリジナルレシピ

Gina
ジーナ

濃厚でしっとりとしたショコラ生地に、フランボワーズジャムを薄く塗り、パリッとした食感のチョコレートの板となめらかなシャンティ・ショコラをボリュームたっぷり絞りました。見た目の面白さだけではなく、味わいが単調にならないようにいろいろな食感のパーツを組み合わせています。

材料　ふちの直径 6.5cm、高さ 2cm のタルトカップ 4 個分

ショコラ生地
スイートチョコレート (カカオ分 55%)……45g
食塩不使用バター……26g
全卵……45g
砂糖……26g
ココア……12g
薄力粉……8g
フランボワーズジャム……適量
チョコ飾り（124 ページ参照）……5 × 5cm の板 4 枚

シャンティ・ショコラ
スイートチョコレート（カカオ分 55%）……30g
生クリーム……30g
生クリーム……60g
チョコ飾り（124 ページ参照）……適量
フランボワーズ、金箔……各適量

作り方

01
ショコラ生地を作る。バター、チョコレートをボウルに入れ、レンジまたは湯煎にかけて溶かす。途中で混ぜ合わせ、完全に溶かしておく。さめないようにそのまま 40 度程度に保温しておく。

02
全卵と砂糖を別のボウルでよく混ぜ合わせる。泡立て器でかき混ぜながら湯煎または弱火にかけ、40〜45 度に温める。ハンドミキサーの高速で泡立てる。温めることで卵液がよく泡立つ。

03
ボリュームが出てもさらに泡立て、泡立て器の跡がつくところまで泡立てる。すくって持ち上げると泡立て器の中に少しこもってゆっくり落ちるくらいが目安。

Original recipe *Gina*
オリジナルレシピ

04
1を3に一度に入れる。さめているとこのあと生地が締まってしまうので、必ず温かい状態で加える。泡立て器で下からざっくりと合わせる。

> Point!
> よく混ぜると油分が卵液の泡立ちをつぶしてしまうので、ここでは混ぜ切らず、少しまだらな状態でよい。

05
ココア、薄力粉を合わせてふるい入れ、ゴムべらで下からひっくり返すように大きくていねいに合わせる。

06
粉っぽさがなくなり、まだ少しだけまだらな状態。さらにもう少し合わせる。

07
全体がほぼ均一になったら混ぜ終わり。

> Point!
> 合わせたりないと生地が浮き上がって、食感が軽くなりすぎるので、合わせはていねいに行う。

08
型の底に同じサイズに切った紙を敷き、7を流す。

09
180度のオーブンで10分ほど焼く。ふくらんでいるが、オーブンから出すと徐々にしぼんでボリュームが落ち着いていく。焼き立てに竹串を刺して抜くと、やや生っぽい生地が竹串についてくる程度が目安。

10
冷凍庫で型ごとよく冷やしてから、側面に沿ってナイフを入れ、型から取り出す。

> Point!
> 焼きたては柔らかくて型から出せないので、十分に冷えて生地が締まってから型から出すこと。

11
フランボワーズジャムを少量真ん中にのせる。

15
角が立つ固さになったら泡立て終わり。泡立てすぎるとぼそぼそになるので注意する。

> **Point!**
> シャンティ・ショコラは出来上がったらすぐに絞る。そのまま冷やしたり、放置しておくと固まってしまい、なめらかに戻すことができなくなる。

12
124ページを参照してチョコレートの板を作り、5cm角の正方形にカットしてのせる。

13
シャンティ・ショコラを作る。スイートチョコレートと生クリーム30gを容器に入れてレンジにかけ、沸騰しはじめたら取り出してよく混ぜてガナッシュを作る。そのまま冷蔵庫でさましておく。

16
大きめの8切りの星口金をつけた絞り袋に入れ、**12**の上にらせん状に2周絞る。20分ほど冷蔵庫で冷やし、クリームを固める。

> **Point!**
> 口金を押しつけて絞ってしまうと絞りがつぶれて立体感が出ないので、口金を少し浮かせ、クリームを少したらすようなイメージで絞るとよい。

14
粗熱が取れ、固まらない程度に冷えたら生クリーム60gを液状のまま足し、泡立て器で泡立てる。

17
チョコ飾り、フランボワーズ、金箔で飾る。

Arranged recipe from *Yanis*

アントルメを同じ口金で飾る

アントルメに焼き上げ、オリジナルレシピと同じ大きめの星口金を使ってボリュームたっぷりに飾ります。

型のサイズ
直径15cmのデコレーション型（底がはずれるタイプ）

分量アレンジ
ショコラ生地とシャンティ・ショコラはオリジナルレシピの1.5倍量を用意する。フランボワーズジャムは20g使う。

Arrange Point

1 型の底と側面にベーキングペーパーを敷いてからショコラ生地を流し、180度のオーブンで13分焼く。冷蔵庫で冷やしてから型をはずし、ペーパーをはがす。フランボワーズジャムを真ん中に塗り広げる。

4 真ん中もローズ絞りで埋め、20分ほど冷蔵庫で冷やし、クリームを固める。

2 オリジナルレシピと同じ星口金をつけた絞り袋にシャンティ・ショコラを入れ、アントルメのふちに小さな円を描くように1周絞る。この絞りをローズ絞りという。

5 アントルメのふちに溶けない粉糖をシュガーシェイカーか茶漉しでふる。

3 口金を押しつけると絞りにボリュームが出ないので、少し上からクリームをたらすイメージで絞る。ローズ絞りでぐるっと1周する。

6 124ページを参照してシート状のチョコ飾りを作り、大きめに割って飾る。金箔スプレーをかけ、フランボワーズ、冷凍グロゼイユ、ケーキピックなどを飾る。

Régine
レジーヌ

から焼きした生地にレモン風味のチーズクリームを流し入れた、爽やかな風味のタルトレットです。デコレーションはレモンクリームでコーティングして鮮やかなイエローに。ホワイトチョコレートのクリームをボリュームたっぷりに絞り、赤いベリーとチョコ飾りをのせ、カラフルで華やかに仕上げています。ホワイトチョコレートのクリームは見た目だけでなくレモンの酸味をやわらげ、味のバランスを取る役目もあります。

材料 7cm角の正方形タルトレット型 4 個分

パート・シュクレ（ここから半量だけ使用する）
- 食塩不使用バター　35g
- 粉糖　25g
- 卵黄　1個
- 薄力粉　70g

クレームシトロン
- レモン汁、皮　1/2 個分
- 卵白　25g
- 卵黄　1個
- 砂糖　25g
- 粉ゼラチン　3g
- （水 15g でふやかしておく）

アパレイユ
- クリームチーズ　60g
- クレームシトロン　上記から 50g

シャンティ・ショコラブラン
- ホワイトチョコレート　25g
- 生クリーム　15g
- 生クリーム　70g

デコレーション
- フランボワーズ、冷凍グロゼイユ　各適量
- チョコ飾り（124 ページ参照）　適量

作り方

01
127 ページを参照してパート・シュクレを作り、半量を 4 等分する。残りは使わない（あまったぶんは冷凍保存も可能）。それぞれを約 9cm角の正方形に伸ばし、型にぴったり張りつける。

Point!
小さなタルトレットなので、少し薄めに生地を伸ばす。ただし、型に張りつけるときに押しつけてさらに薄くしてしまうと、焼き上がったときに型からはずしづらく、割れやすい。特にふちが薄くならないように注意。

02
はみ出ている生地をナイフですり切る。

03
フォークで底にまんべんなく穴を開ける。同じ型をのせ、180 度のオーブンで 10 分焼く。

Point!
上から型をのせるときに型を押しこむとはずしづらくなるので、のせるだけにとどめる。型がなければアルミカップを広げてのせ、重石を入れて同様に焼いてもよい。

Original recipe Régine
オリジナルレシピ

04
ふちに焼き色がついたらそっと型をはずし、さらに4〜5分焼いて底まで焼き色をつける。

07
湯煎からおろし、ふやかしたゼラチンを加えて溶かす。茶漉しで漉し、常温でさます。

Point!
漉すことで卵の固形物や果肉などが取り除かれ、なめらかな食感になる。

05
焼き上がり。粗熱が取れたらそっと型からはずす。タルトレットのサクサク感を長持ちさせたいときは、ホワイトのコーティングチョコレートを溶かし、薄く刷毛で内側に塗って冷やし固める。アパレイユの水分が生地に染みこむのをチョコレートが防いでくれる。

08
アパレイユを作る。柔らかくしたクリームチーズをよく練り、なめらかにする。7のクレームシトロンから50gを取り、クリームチーズに加えて混ぜる。残りのクレームシトロンは取っておく。

Point!
熱いうちはタルトレットがもろくて壊れやすいので注意。冷えても取りづらい。粗熱が取れたころが型からはずすベストタイミング。

09
5のタルトレットに4等分して入れる。

06
ゼラチン以外のクレームシトロンの材料を混ぜて弱火の湯煎にかけ、混ぜながら加熱する。混ぜるとぷるぷると揺れるぐらいの濃度をつける。

Point!
加熱が足りないと濃度が出なかったり、卵臭さが残ってしまう。逆に加熱しすぎるとクリームが分離してつぶつぶができ、なめらかに仕上がらないので注意。

10
パレットでふちまですり切り、冷やし固める。

Point!
から焼きしたタルトレットは壊れやすいので、そっと扱うこと。

11

アパレイユが固まったら、残りのクレームシトロンを表面に塗る。塗りむらがないように注意。冷蔵庫で再度冷やす。

Point!
塗るとすぐに固まってくるので、上面にのせるように塗り、何度も塗りなおさないように。

14

20mmのサントノーレ口金をつけた絞り袋にシャンティ・ショコラブランを入れ、11の上にウェーブさせて絞る。

12

シャンティ・ショコラブランを作る。ホワイトチョコレートと生クリーム15gを容器に入れてレンジにかける。沸騰しはじめたら取り出し、よく混ぜてガナッシュ状にする。

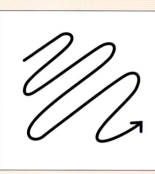

Point!
絞り袋はまっすぐ垂直に持ち、タルトレットの幅に合わせて最初は短く、徐々に幅を広げ、真ん中をすぎたらまた短くなるようウェーブさせながら一気に絞る。絞りの太さが途中で変わらないよう、クリームを押し出す量を一定に保つのがポイント。絞り終わりは横にすっと引くと自然にクリームが切れて美しく仕上がる。

13

冷蔵庫で冷やす。固まる手前で取り出し、生クリーム70gを液状のまま混ぜ合わせる。泡立て器でやっと角が立つか立たないか程度まで泡立てる。泡立てすぎてぼそぼそにならないように注意。

Point!
すぐに泡立って固くなってくる。ハンドミキサーだと泡立てすぎやすいので、手で立てるのがおすすめ。またできあがったものは冷やすと固まってしまうので、すぐに絞ること。

15

フランボワーズ、冷凍グロゼイユをのせ、チョコ飾りをクリームに刺して仕上げる。

Arranged recipe from
Régine
アレンジレシピ

丸型タルトレットと
丸口金の絞りでシンプルに飾る

作りやすいシンプルバージョンのアレンジ。定番の丸いタルトレット型は、角がないので生地が敷きこみやすく、アパレイユも流しやすいのが魅力です。クリームも丸口金でランダムな大きさに丸く絞れば、サントノーレ口金を使うよりかんたんなのに、かわいく見えます。チョコ飾りのかわりにホワイトチョコレートで細いラインを絞り、季節のフルーツを飾りました。

型のサイズ	分量アレンジ
直径7cm、高さ1.6cmの丸型タルトレット	オリジナルレシピの分量で約4個分

デコレーション用の口金
直径1cmの丸口金

Arrange Point

1 型を変えてオリジナルレシピと同様に作る。少し深みがあるので、から焼きするときはアルミカップを敷き、重石をのせて同様に焼く。ふちが薄くならないように注意。

2 ホワイトチョコレート適量を湯煎で溶かし、絞り袋に入れる。先をほんの少しカットし、左側にランダムに細いラインを絞る。

3 1cmの丸口金をつけた絞り袋にシャンティ・ショコラブランを入れる。タルトレットの上面から1cmほど浮かせたところで垂直に持つ。ぎゅっと絞ったら力を抜き、すっと真上に引くときれいに絞れる。右側にいくつか大小ランダムに絞る。ラインの上にピスタチオを刻んでふり、季節のフルーツを飾る。ここではアメリカンチェリーと冷凍グロゼイユ。

Original recipe
オリジナルレシピ

Lindsy
リンジー

レモン風味のホワイトチョコレートムースとフルーツを組み合わせたシンプルな構成のプティガトーですが、スリムなシリコン型を使い、鮮やかな色のナパージュでデコレーションし、フルーツとクリームで飾ることで、カラフルで華やかに仕上げました。かんたんなレシピのお菓子でも、形とデコレーションを工夫することで、モードな印象に変身します。

材料
ファッションエクレア型 5 個分
（ファッションエクレア型については 29 ページ参照）

パート・シュクレ（ここから半量使用する）
- 食塩不使用バター ······ 35g
- 粉糖 ······ 25g
- 卵黄 ······ 1 個
- 薄力粉 ······ 70g

ムース・シトロンブラン
- ホワイトチョコレート ······ 60g
- 牛乳 ······ 60g
- 砂糖 ······ 15g
- 粉ゼラチン ······ 4g
- （水 20g でふやかしておく）
- レモン皮 ······ 1/3 個分
- レモン汁 ······ 10g
- 生クリーム（7 分立て） ······ 100g
- 冷凍フランボワーズ（解凍しない） ······ 35g

ナパージュ・ルージュ（3 本分）
- フランボワーズピュレ ······ 30g
- 粉ゼラチン ······ 7g
- （水 35g でふやかしておく）
- ナパージュ（非加熱タイプ） ······ 100g

デコレーション
- 生クリーム ······ 50g
- 砂糖 ······ 5g
- いちご、フランボワーズ、冷凍グロゼイユなど
- ベリー類 ······ 各適量
- 金粉 ······ 適量

下準備
パート・シュクレは 127 ページを参照して作り、冷蔵庫で 1 時間以上休ませる。

作り方

01
パート・シュクレをオーブンシートまたはクッキングペーパーの上で打ち粉（分量外）をしながら麺棒で約 3mm 厚さの長方形に伸ばす。シートごと一度冷やして生地を締める。

02
型抜きしやすいよう、シートから生地をいったんはがして再度のせ直し、ファッションエクレア型の大きなほうの抜き型で 5 枚抜く。

Point!
一度生地を締めてから抜くときれいに型抜きできる。

03
シルパンを天板にのせて 2 を並べ、180 度のオーブンで全体に焼き色がつくまで 10 分程度焼く。シルパンがない場合は、生地にフォークで穴をまんべんなくあけてからオーブンシートなどにのせて焼く（43 ページ参照）。細くて折れやすいので、さめてからそっとシルパンからはがす。

04
ムース・シトロンブランを作る。ホワイトチョコレート、牛乳半量、砂糖をボウルに入れてレンジにかけ、沸騰しはじめたら取り出す。よく混ぜて溶かす。

Original recipe *Lindsy*
オリジナルレシピ

05
残りの牛乳とふやかしてレンジで溶かしたゼラチンを加えて混ぜる。

09
型の両端を持ってトントンと台に打ちつけ、気泡を抜く。

Point!
細い形状で気泡が入りやすいので、しっかり叩いて気泡を抜くこと。気泡が入ったままだと上面側に穴があいてしまい、美しく仕上がらない。

06
レモン皮をすりおろして加える。白い部分まで削ると苦みが出るので、黄色い表皮だけすりおろす。レモン汁も絞って加える。

10
スプーンの背でムースをふちまでなすりつける。真ん中がくぼんだ状態になる。

07
ボウルごと氷水につけ、混ぜながら冷やしてうっすらとろみをつける。7分立てに泡立てた生クリームを合わせる。

Point!
濃度をつけすぎると型に流したときに気泡が入りやすくなってしまうので、熱が取れ、少しとろみがつく程度にとどめておく。

11
冷凍フランボワーズを解凍せずに細かくほぐし、**10**の真ん中に並べて入れる。

08
ムース・シトロンブランを絞り袋に入れ、先を1cm弱カットする。型の底に30gほど流す。

12
残りのムース・シトロンブランを上から絞り入れ、パレットですり切って平らにする。冷凍して完全に固める。

13

型を裏返して型から抜く。

Point!
型から出して常温に長時間おくと表面に霜がついてしまってナパージュがうまくかからないので注意。すぐに仕上げないときは密閉容器に入れて冷凍庫に入れておく。

17

パレットを2本使ってムースを持ち上げ、パート・シュクレの真ん中にそっとのせる。細い土台なので、ずれないように注意して真ん中にのせること。

Point!
残り2本はナパージュをかけずに白く仕上げるので、パート・シュクレにそのままのせる。デコレーション用生クリームをパート・シュクレに少量つけてのり代わりにしてからムースをのせると接着できる。

14

ナパージュ・ルージュを作る。フランボワーズピュレにふやかしてレンジで溶かしたゼラチンを加え、茶漉しで裏漉す。ナパージュを加えて混ぜる。

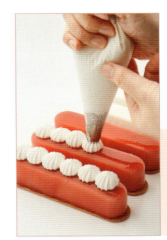

15

ボウルごと氷水にあて、静かにゴムべらで混ぜて冷やし、とろみをつける。

18

デコレーション用の生クリームを砂糖と一緒に8分立てにし、14切りの星口金をつけた絞り袋に入れる。端から6か所丸く絞る。

Point!
絞り袋は上面より1cmほど浮かせて垂直に持つ。絞り出したら力を抜き、すっと真上に引くときれいに絞れる。同じ大きさで等間隔に絞る。

16

バットやトレーの上に網をのせ、凍ったムース3本を間をあけて並べる。とろみをつけたグラサージュ・ルージュをレードルですくい、全体にたっぷりかけて余分をよく落とす。

Point!
少しずつより一気にかけたほうが勢いで自然と流れ落ち、均等にコーティングできる。かかっていないところがないように注意。

19

いちごは輪切り、フランボワーズは4等分してクリームの上に飾り、冷凍グロゼイユをのせ、金粉をふって仕上げる。

マンゴーナパージュで夏らしく

ナパージュ・ルージュのピュレを黄色いマンゴーピュレに変えると、まったく違うイメージになります。仕上げの色に合わせて具材もマンゴーにすれば、味わいも南国風に。

分量アレンジ
具材の冷凍フランボワーズを8mm角に切ったマンゴーに変える。ナパージュは23ページを参照してマンゴーナパージュを作る。

デコレーション用の口金
3号のバラ口金（切り口の長さが2cmのもの）

Arrange Point

1 具材をマンゴーに変えてオリジナルレシピと同様にムースを作る。オリジナルレシピと同様に、マンゴーナパージュで3本コーティングし、残りは泡立てた生クリームをパート・シュクレに少量つけて接着剤がわりにし、パート・シュクレにのせて固定する。

2 バラ口金をつけた絞り袋にデコレーション用の生クリーム入れ、絞り袋を斜めに持ってムースの端から手前に向かって小さくウェーブさせながら絞る。絞り袋を垂直に持つと絞りが倒れてしまって美しくない。口金は上面につくぐらい近づけて絞ると、浮かずにきれいに絞れる。

3 金粉をふり、黄色く着色したチョコ飾りを刺す。チョコ飾りはチョコレート用の油性色素を溶かして刷毛でセロファンにランダムに塗り、乾いたらテンパリングしたホワイトチョコレートを薄く伸ばして丸型で抜いて作る（124ページ参照）。

Original recipe
オリジナルレシピ

Repin
レーピン

ムース・ショコラをつぶつぶナッツ入りのビターチョコレートでコーティングし、サクサクのパート・シュクレ・ショコラにのせました。上面にはやさしい味わいのミルクチョコレートのクリームと、パリッとした食感がおいしいチュイルを重ねてデコレーション。シックで落ち着いた印象に仕上げました。ビター&マイルド、ソフト&クランチーと、風味と食感の異なるパーツを重ねているので、チョコレート味のパーツだけを使っていながら、奥行きのある味わいです。

材料　直径6cm、高さ2.5cmのセルクル4個分

パート・シュクレ・ショコラ（ここから半量だけ使用する）
- 食塩不使用バター……35g
- 粉糖……25g
- 卵黄……1個
- 薄力粉……65g
- ココア……10g

ムース・ショコラアメール
- 牛乳……50g
- 砂糖……15g
- 卵黄……1個
- 粉ゼラチン……2g
- （水10gでふやかしておく）
- ビターチョコレート（カカオ分65％、細かく刻む）……35g
- 生クリーム（7分立て）……45g

チュイルカカオ
（ふちの直径6cm、底の直径5cmのシリコン型8枚分）
- 食塩不使用バター……7g
- 水……10g
- 砂糖……14g
- 薄力粉……7g
- カカオニブ……7g

コーティング
- アーモンドダイス……15g
- ビターコーティングチョコレート……50g
- ビターチョコレート（カカオ分65％）……50g
- サラダ油……10g

シャンティ・ショコラ・オレ
- ミルクチョコレート（カカオ分40％）……35g
- 生クリーム（7分立て）……35g
- 金箔……適量

下準備
- パート・シュクレ・ショコラは127ページを参照して作る。ここでは薄力粉と一緒にココアも加えて作る。冷蔵庫で1時間以上休ませておく。
- ラップを敷いたトレーの上に型を並べ、型の周囲にラップを軽く寄せて型が動かないように固定する。

作り方

01
パート・シュクレ・ショコラをオーブンシートまたはクッキングペーパーの上で打ち粉（分量外）をしながら麺棒で3mm程度の厚さに伸ばす。シートごと冷蔵庫で冷やして生地を締める。

Point!
生地を冷やして締めてから抜くときれいに型抜きできる。

02
型抜きしやすいようシートからいったんはがしてのせ直し、直径7.5cmの菊型で4枚抜く。

111

Original recipe Repin
オリジナルレシピ

03
シルパンを天板にのせて2を並べ、180度のオーブンで全体に焼き色がつくまで10分程度焼く。シルパンがない場合は、オーブンシートなどを敷き、生地にフォークで穴をまんべんなくあけてから焼く（43ページ参照）。

04
ムース・ショコラアメールを作る。29ページを参照してソース・アングレーズを作り、すぐにふやかしたゼラチンを加えて余熱で溶かす。

05
刻んだビターチョコレートを入れたボウルに2回に分けて4を加え、そのつどよく混ぜてチョコレートを溶かす。

06
ボウルごと氷水にあて、混ぜながらさます。濃度がつくまで冷やしすぎないように注意。さますだけでよい。

07
7分立ての生クリームを2回に分けて加え、まんべんなく混ぜる。

08
下準備しておいた型にムースを4等分にそっと流し、冷凍庫で完全に固める。ムースの量が少ないので、型のふちいっぱいまで流さなくてよい。

Point!
冷凍することでコーティングがしやすくなる。

09
チュイルカカオを焼く。バターをレンジで溶かし、水、砂糖を順に混ぜ合わせる。

13
コーティングを作る。アーモンドダイスは天板に広げ、180度のオーブンで香ばしく色づくまで6〜7分ローストし、さましておく。

10
ふるった薄力粉、カカオニブを加えて混ぜ合わせる。

14
アーモンドダイス以外の材料を合わせて湯煎で溶かす。さめたアーモンドダイスを加えて混ぜ合わせ、30〜35度（少し温かく感じる程度）に調節する。

11
シリコン型に8等分して入れ、ざっと平らに伸ばす。

Point!
焼くと伸びてきれいに平らになるので、ざっと伸ばすだけでよい。割れやすいのでスペアとして8枚焼いておくと安心。

15
127ページを参照してムース・ショコラを型から抜く。表面に霜がつかないようにコーティングする直前まで冷凍庫に入れておく。

12
180度で10分ほど焼き、さめてから型から出す。

Point!
焼きたては柔らかいが、さますと固まる。さめてから型の下をそっと押し出して取り出す。繊細なのでていねいに作業を行う。

16
ムースの中心にフォークを刺し、コーティングに水平に浸ける。上面につかないよう、ふちぎりぎりまで浸けること。

113

Original recipe オリジナルレシピ *Repin*

17
引き上げたらフォークをボウルにトントンと軽く叩きつけて余分をよく落とす。くるくると回さず、1か所から余分を落とすと美しくコーティングできる。

18
ムースの下に手を添えて固定し、そっと下にフォークを抜く。

Point!
ムースをフォークから抜こうとせず、ムースを固定してフォークを下へ抜くように。

19
フォークの上にムースをのせ、3のパート・シュクレの真ん中にそっと置く。

20
シャンティ・ショコラ・オレを作る。ミルクチョコレートを湯煎で溶かし、40度程度（温かく感じる程度）に調節する。7分立ての生クリームを半量加えて混ぜ合わせる。

21
ガナッシュ状になったら残りの生クリームを加え、軽く混ぜたらゴムべらに持ち変えて合わせる。

22
直径7mmの丸口金をつけた絞り袋に入れ、**19**の上面に中心から渦巻き状に絞る。

Point!
絞り袋は垂直に持ち、上面から1cmほど上に構えて少したらすように絞ると、厚みが均一になる。

23
チュイルカカオをのせ、金箔を飾る。

Arranged recipe from
Pepin
アレンジレシピ

メダイユ・ショコラのシンプル仕上げ
&
キャラメルクリームのリッチ仕上げ

余計な装飾を一切取り払い、シーリングスタンプを使って作るチョコ飾り「メダイユ・ショコラ」をのせただけのシンプルスタイルは、マイルドな風味のパーツがなくなるので、見た目も味もとってもビターで大人な仕上がり。もうひとつは、上面にキャラメルクリームをたっぷりと絞った華やかなタイプ。こちらは空気をたっぷり含んだクリームと一緒に食べることで、ムース・ショコラも軽やかな味わいに感じられます。

Arranged recipe from Repin
アレンジレシピ

メダイユ・ショコラ

Arrange Point

1 チョコ飾りで使用する2種の道具。シーリングスタンプは、本来は手紙に封をするための道具。文具店やネットショップで、いろいろな模様やサイズのものが販売されている。パソコンなどの掃除用に使うエアダスターは、溶かしたチョコレートに吹きつけて冷やし固める役割。ホームセンターなどで購入できる。

2 124ページを参照してチョコレートをテンパリングする。チョコレートの種類は好みのものでOK。ビニール製の絞り袋に入れて先を7〜8㎝切り、透明セロハンの上に直径1.5㎝（使用するシーリングスタンプよりやや小さい直径）の円形にこんもり絞る。間をあけていくつか同じサイズに絞る。

3 エアダスターを逆さにし、シーリングスタンプの金属部分が白くなるまで吹きかけて冷やす。逆さに使うことで冷却効果が高まる。

4 すぐにチョコレートの上にシーリングスタンプを軽く押し当てて模様をつける。スタンプがチョコレートに垂直に当たるようにまっすぐ押す。押しつけすぎないように。絞ったチョコレートが固まらないうちに、すばやく作業する。

5 スタンプをそっと持ち上げ、チョコレートを冷やし固める。スタンプの温度が上がるとチョコレートからはがれなくなってくるので、エアダスターで冷却しながら作業を進める。固まったらセロハンからはがし、好みでパールパウダーを筆で薄くつける。コーティングしたムースショコラの上面にのせて仕上げる。

キャラメルクリーム仕上げ

デコレーション用の口金
大きめの8切りの星口金

Arrange Point

1 キャラメルソースを作る。生クリーム20gを沸騰直前まで温めておく。別の小鍋に砂糖20g、水10gを入れ、中火で煮詰める。こげ茶色程度に濃く焦がし、温めておいた生クリームをそっと加えて混ぜる。さめたら6分立ての生クリーム70gをゴムべらで混ぜ合わせ、角が立つくらいの固さにする。

2 星口金をつけた絞り袋に入れ、コーティングしたムースショコラの上にらせんを描くように2周ほど絞る（95ページ参照）。絞りをつぶさないよう、口金でやや浮かせて絞るとボリュームが出る。チョコ飾り（124ページ参照）を飾って仕上げる。

Deux Palais
ドゥー・パレ

ピンクのムースとクリームが層になったフェミニンなプティガトー。何層にも重ねたアーモンド入りの生地につぶ入りのフランボワーズをたっぷり加えたバタームースを薄く挟み、1層だけ甘さ控えめのフランボワーズジャムをサンドしてあります。ジャムの鮮やかな色合いは、味だけでなくデコレーションのアクセントにもなります。生地には果汁入りのポンシュを染みこませてあり、バタークリームのケーキとは思えないほどジューシーで口どけのよい食感です。上面にはピンクのクラックランをちらし、色に統一感を持たせました。

Original recipe オリジナルレシピ *Deux Palais*

材料　長さ約11cm 5本分

ビスキュイ・ジョコンド
- 卵白 ……………………………… 50g
- 砂糖 ……………………………… 30g
- 全卵 ……………………………… 35g
- 粉糖 ……………………………… 25g
- アーモンドパウダー ……………… 25g
- 薄力粉 …………………………… 22g

コンフィチュール
- 冷凍フランボワーズ（解凍する） … 55g
- 水 ………………………………… 20g
- 砂糖 ……………………………… 15g
- ペクチン …………………………… 3g
- レモン汁 ………………………… 小さじ1

フランボワーズのバタームース
- 冷凍フランボワーズ（解凍してつぶしておく） …………………………… 50g
- 食塩不使用バター（室温に戻す） … 50g
- 砂糖（メレンゲ用） ……………… 10g
- フランボワーズリキュール ………… 5g
- 卵白 ……………………………… 15g
- 砂糖 ……………………………… 15g

ポンシュ（材料を混ぜ合わせておく）
- 冷凍フランボワーズピュレ（解凍する） … 40g
- 水 ………………………………… 20g
- フランボワーズリキュール ………… 20g

クレーム・フランボワーズ
- 冷凍フランボワーズピュレ（解凍する） … 25g
- ホワイトチョコレート（刻む） …… 25g
- 生クリーム（6分立て） ………… 40g

ピンクのクラックラン
- 砂糖 ……………………………… 35g
- 水 ………………………………… 12g
- 食紅 ……………………………… 微量
- アーモンドダイス ………………… 40g

デコレーション
- フランボワーズ、ピスタチオ、ケーキピック …………………………… 各適量

下準備

クラックランのアーモンドダイスは、180度のオーブンでうっすらと色づくまで5〜6分ローストする。

作り方

01 76ページを参照し、コーヒーとくるみを加えずにビスキュイ・ジョコンドを作る。オーブンシートの上にパレットで26×21cmに伸ばし、200度のオーブンで8分ほど焼く。乾燥しないようにオーブンシートをかぶせてさます。

02 コンフィチュールを作る。解凍したフランボワーズ、水を小鍋に入れ、砂糖とペクチンを混ぜ合わせたものを加える。中火にかけ、混ぜながら煮詰める。

03

どろっとしてきたらレモン汁を加えてひと煮立ちさせ、火を止める。ボウルにあけてさます。

06

メレンゲがうっすらと残るくらいで混ぜ終わり。混ぜすぎないように注意。

Point!
バターの油脂分がメレンゲの気泡を消しやすいので、いつまでも混ぜないように。

04

フランボワーズのバタームースを作る。バターを室温に戻してマヨネーズ状に練り、つぶしたフランボワーズを3回に分けて加え、そのつどハンドミキサーで白っぽくなるまでよく混ぜ合わせる。砂糖10g、リキュールを加える。

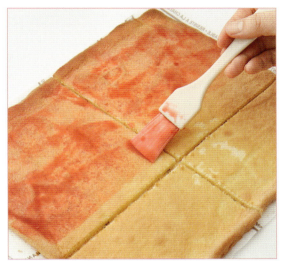

07

組み立てる。ビスキュイのシートをはがし、13 × 14 cmが2枚、13 × 7cmが2枚になるように十字に切り分け、小さいほう2枚をつぎ合わせて13 × 14cmにする。周囲は切りそろえなくてよい。焼き面すべてにポンシュを刷毛で染みこませる。

05

別のボウルで卵白を泡立て、途中で砂糖15gを加えてしっかり固いメレンゲを作る。4に加え、さっくりと合わせる。

Point!
砂糖の配合が多くて泡立ちづらいが、泡立て続けると固いメレンゲになるので、根気よく泡立てること。

08

ビスキュイ1枚に半量のバタームースをのせ、パレットで平らにならす。はみ出てもいいので、端まできっちり広げる。

Original recipe オリジナルレシピ Deux Palais

09
つぎ合わせたビスキュイの焼き面にコンフィチュールを塗り広げる。

12
残りのバタームースをのせ、パレットで平らにならす。端まできっちり広げたら、最後のビスキュイを裏返してのせ、軽く押さえて密着させる。残りのポンシュをすべて染みこませる。

10
9を裏返して8にのせ、軽く押さえて密着させる。切り分けたときに美しい層になるように、水平に重ねるのがポイント。

13
クレーム・フランボワーズを作る。フランボワーズピュレとホワイトチョコレートを容器に入れ、レンジにかける。沸騰しはじめたら取り出してよく混ぜ、ガナッシュ状にする。

14
室温でさまし、6分立てにした生クリームをゴムべらで合わせる。

Point!
しっかり泡立てた生クリームを加えたり、混ぜすぎるとぼそぼそになるので注意。

11
残りのポンシュ半量を染みこませる。

15
12の上にパレットで塗り広げる。厚みにむらができないよう、均一に塗ること。冷蔵庫で冷やしておく。

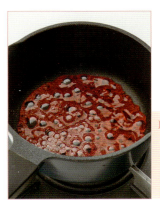

16

ピンクのクラックランを作る。砂糖、水、微量の食紅を小鍋に入れ、中火にかける。

Point!
出来上がりはシロップの色より少し薄くなるが、食紅を入れすぎると真っ赤になるので注意。

19

オーブンシートの上に広げ、完全にさます。

17

シロップが煮詰まって濃度がついてきたら(約118度)火を止め、すぐにローストしたアーモンドダイスを加え、よく混ぜる。

Point!
シロップを煮詰めたりないと、このあと結晶化してこない。濃度がついたのを確認してから作業を進めるように。

20

デコレーションをする。ナイフを軽く温め、**15**の周囲4辺をまっすぐカットし、5等分する。切るたびにナイフを拭い、温め直してからカットするときれいに切れる。

18

そのまま混ぜ続けるとシロップが結晶化し、白っぽくポロポロとしてくる。

21

クラックランをふり、指先で軽く押さえて固定する。フランボワーズ、刻んだピスタチオを飾る。あればケーキピックを刺して仕上げる。

121

Arranged recipe from
Deux Palais

アレンジレシピ

アントルメをボリュームたっぷりに飾る

仕上げで小さく切り分けず、アントルメ仕上げにしたバージョンです。クラックランを使わずに上面にコームで模様を描き、ピンクのマカロンを飾れば、華やかで記念日用のケーキとしても活躍します。

Arrange Point

1 オリジナルレシピと同様に作り、クレーム・フランボワーズを塗り広げたら、三角コームで軽く上面をなぞってゆるやかな波模様をつける。コームは寝かせ気味にして持つのがポイント。コームを立てたり、強く押し当てるとクレームを削り取ってしまう。

2 一度冷蔵庫で冷やし固め、周囲を切りそろえる。ピンクのマカロン（市販品でもよい）をバランスよくのせ、フランボワーズと金箔、刻んだピスタチオをあしらう。あればケーキピックを刺す。

マカロンを手作りしたい方は、私が初心者向けにていねいに解説したこちらの本をご参考に！

デコレーションをさらにランクアップ
チョコ飾りにチャレンジ

繊細なチョコ飾りをケーキに添えると、デコレーションに立体感が出て、完成度が一気に高まります。きちんとステップを踏めば、誰でも上手に作れます。仕上げにひと手間加え、洗練されたケーキを目指してみませんか？

基本のテンパリング

一度溶かしたチョコレートは、ただ冷やしただけでは、元どおりの固さやつやは取り戻せません。そこで、チョコ飾りを作るときには、「テンパリング」という温度調節を行います。テンパリングが正しくできていないと、出来上がった飾りがすぐに溶けてしまったり、つやがなくなったり、フィルムからはがれづらくなってしまいます。どの飾りを作るときにも、必ず温度計で温度を計りながら作業を進めましょう。

1 チョコレートを溶かす

チョコレートを粗刻みにし、ステンレスボウルに入れる。鍋に湯をわかし、ごく弱火にしてボウルを浮かべ、湯煎でなめらかに溶かす。ビターは45～50度、ミルク、ホワイトの場合は40～42度までチョコレートの温度を上げる。

Point!
鍋とボウルはほぼ同じ直径のものを使う。鍋が大きいとチョコレートに湯気が当たったり、湯が入ってしまうことも。逆にボウルが大きいと鍋から熱が直接伝わり、チョコレートの温度が上がりすぎてしまう。

2 チョコレートを冷やす

氷を3～4個入れた冷水にボウルごとあて、ゴムべらで静かに混ぜる。まわりから徐々に冷えてもったりし、小さなダマができはじめたら、冷水からボウルをはずす。

Point!
ここで冷やしたりないとチョコレートが後できちんと固まらず、フィルムからはがしにくかったり溶けやすいチョコ飾りになってしまうので注意する。

3 もう一度湯煎にかける

今度は温度を上げすぎないよう、少し湯煎にあてたらすぐ湯煎からはずし、全体を混ぜてチョコレートを少しずつ溶かす。湯煎にあててははずす作業を繰り返し、やっとチョコレートのダマがなくなり、なめらかになったところで完成。温度はビターで31度、ミルク、ホワイトなら29度。温度を上げすぎてしまった場合は、1からやり直す。

Point!
ボウルのまわりやゴムべらのふちに固まったチョコレートを溶かしたり、ほんの少しだけ温めたいときには、ドライヤーの温風をあてると便利。ただし、思ったよりも温度が上がるので、あてすぎには注意を。

使用する道具

透明セロファン
ラッピングなどに使う透明セロファンを使いやすい大きさにカットして使います。飾りによってはケーキフィルム（ケーキのまわりに巻くフィルム）でもOKです。

凹凸コーム
チョコレートの上からなぞると、等間隔に均等なラインが引けます。凹凸がついたゴム製の耐震用マットでも代用できます。ホームセンターで購入可能。

パイローラー
チョコレートを好きな形に切るときに使います。ナイフでもかまいません。

パレットナイフ
上級編の羽飾りを使うときに使います。油絵用のパレットナイフは細身で使いやすくおすすめです。

チョコ飾りのバリエーション

どの飾りも、保存するときはセロハンからはがさずに密閉容器などに入れ、冷蔵庫に入れます。2〜3週間保存できます。

薄いシート

1 テンパリングしたチョコレートをセロファンの上に適量落とし、パレットで均一な厚みにならす。固まらないうちにすぐにシートごとトントンと軽く打ちつけ、塗り跡を消す。

2 室温において、表面がべたつかない程度に乾いたら、裏返してバットなどの重しをのせて冷蔵庫で冷やし固める。重しをすることで反るのを防げる。適度なサイズに割って使う。

型抜き＆カット

1 シート状にしたチョコレートを、表面がべたつかない程度に乾いたところで、抜き型で抜く。固まってから抜くと割れてしまうので注意。シートと同様に裏返して重しをし、冷やし固める。

2 ナイフやパイカッターで切り分けるときも、同じタイミングで手早くカットし、シートと同様に裏返して重しをし、冷やし固める。

細いライン

シート状のチョコレートを、表面がべたつかない程度に乾いたところで、好みの幅にカットする。固まってから抜いたりカットすると割れてしまうので注意。シートと同様に裏返して重しをし、冷やし固める。

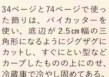

34ページと74ページで使った飾りは、パイカッターを使い、底辺が2.5cm幅の三角形になるようにジグザグにカットし、すぐにとい型などカーブしたものの上にのせ、冷蔵庫で冷やし固めてある。

網目シート

テンパリングしたチョコレートを絞り袋に入れ、先を細くカットする。セロファンに網目状に絞り、薄いシートと同様に好きな形に型抜きやカットし、裏返して重しをして冷やし固める。

らせん

1 ケーキフィルムまたはセロファンにテンパリングしたチョコレートを適量落とし、凹凸コームでまっすぐ横線を描く。

2 表面がべたつかない程度に乾いたら、チョコレートが内側にくるようにフィルムごとひねってらせん状にする。冷やし固めてからフィルムをはがす。乾かないうちにひねってもうまく成形できず、固まりすぎてからだと折れてしまうのでタイミングが大切。

羽

テンパリングしたチョコレートをスプーンの背にたっぷりつけ、ふちをボウルですり切る。セロファンに軽く押しつけ、スプーンを手前に引く。押しつけすぎると薄くもろくなるので注意。冷やし固めてからセロファンをはがす。

立体的な羽

1 ペティナイフや油絵用のパレットナイフの裏にテンパリングしたチョコレートをつけ、セロファンに押しつける。

2 ナイフを2〜3mm上に持ち上げ、そのまま手前にすっと引く。少し難しいが、何度か練習すると葉脈のような筋がつく。セロファンをテーブルやシルパットなどのふちぎりぎりに張りつけて作業するとやりやすい。

3 とい型など、カーブしたものの上にのせ、冷蔵庫で冷やし固める。

4 ナイフの先をガス台などであぶり、羽の端に切りこみを入れる。そのつどペーパーでナイフを拭う。完全に固まったらセロファンをはがす。

プラチョコ飾り

プラチョコ（プラスチックチョコレート）とは、細工用に加工された粘土状の柔らかいチョコレートです。室温に戻せば、麺棒で伸ばしたり、好みの形に成型できます。ホワイトのほかにミルクチョコレートもあります。

デイジー

シュガークラフト用の抜き型を使用。小さな形もきれいに抜け、種類も豊富なので便利。

1 溶けない粉糖を打ち粉がわりに使い、プラチョコを薄く麺棒で伸ばす。

2 シュガークラフト用のバネつきのデイジー型で抜く。

3 市販のチョコペンなど着色されたチョコレートを湯煎で溶かし、先を細くカットした絞り袋に入れて花芯を絞る。

ケーキを美しく仕上げるプチテクニック

上手な型抜き

ムースやババロアを型からはずすときは、ナイフや竹串を入れて無理にはずそうとすると表面がでこぼこしたり、角がかけてしまいます。型を温めて少しだけ溶かすとスムーズに抜けます。

1 ぬらしたタオルをレンジにかけて蒸しタオルを作り、型のまわりに巻きつけて温めます。

2 そっとセルクルを垂直に引き上げ、スムーズにはずれればOK。はずれづらいときは、温め直します。

ガスバーナーで温める
ガスバーナーの火力を弱めにし、セルクルのサイドに近づけて軽く1周温めてからセルクルを引き上げます。ムースやババロアの上面に炎を当てたり、セルクルを温めすぎると溶けてしまい、かえって型くずれするので注意。

切り分け方法

カットするときは波刃のナイフがおすすめ。ガス台の炎などで軽くナイフをあぶり、断面を押しつぶさないよう、のこぎりのように軽く前後に引きながら垂直に下までカットします。底の生地までしっかり切れているのを確認しましょう。切るたびにナイフをきれいに拭いてから次をカットします。続けて切ると刃に残ったくずが断面についてしまいます。

基本パーツの作り方

ここでは基本的な配合をご紹介しています。それぞれのお菓子によって、配合と分量が変わることがありますので、各レシピに従って用意し、成形、焼成してください。

パート・シュクレ

サクサクとした甘いタルト生地。

材料

粉糖	25g
薄力粉	70g
食塩不使用バター	35g
卵黄	1個

1 フードプロセッサーに粉糖、薄力粉を入れ、固い状態のバターを加える。フードプロセッサーをまわし、粉々の状態にする。卵黄を加える。

2 再度フードプロセッサーをまわす。スイッチのオンとオフをくり返し、ガッ、ガッ、とプッシュで少しずつまわす。粉っぽさがほぼなくなり、炒り卵ほどのしっとりしたそぼろ状になったらできあがり。

3 ビニール袋に入れて平らにし、冷蔵庫で1時間以上休ませる。休ませることで焼き縮みを防ぎ、生地が締まって伸ばしやすくなる。この段階で冷凍保存も可能。

パート・ブリゼ

甘味のないバリッと歯ごたえのある練りパイ生地。

材料

強力粉	25g
薄力粉	25g
塩	2g
砂糖	7g
食塩不使用バター	25g
冷水	13g

1 フードプロセッサーに強力粉、薄力粉、塩、砂糖を入れ、固い状態のバターを加える。フードプロセッサーのスイッチのオンとオフをくり返し、ガッ、ガッ、とプッシュで少しずつまわす。バターが1cm角ほどになったら止める。

2 冷水を入れる。再度フードプロセッサーを少しずつまわす。粉っぽさがまだ少し残り、炒り卵くらいのしっとりとしたそぼろ状になったらできあがり。練りすぎないよう注意する。

3 ビニール袋に入れて平らにし、冷蔵庫で1時間以上休ませる。休ませることで焼き縮みを防ぎ、生地が締まって伸ばしやすくなる。この段階で冷凍保存も可能。

クレーム・パティシエール

別名カスタードクリーム。もっともベーシックな配合です。

材料

牛乳	125g
バニラのさや	約2cm
砂糖	30g
卵黄	1個
薄力粉	8g

1 小鍋に牛乳、バニラ、砂糖半量を入れて沸騰させる。残りの砂糖と卵黄をボウルでよくすり混ぜ、ふるった薄力粉を加え、粉っぽさがなくなるまで混ぜる。牛乳をボウルに半量注いで混ぜ合わせる。バニラのさやは取り除く。

2 1を鍋に戻し、全体をよく混ぜる。強火にかけ、耐熱のゴムべらで混ぜながら炊く。鍋のふちから沸騰しはじめ、徐々にとろみがついてクリーム状になってくるので、焦げないようにゆっくりかき混ぜながら炊き続ける。

3 しばらくすると、こしがなくなってサラッとしてくる。中心からもぷくっと沸騰してきたら炊き終わり。火から下ろしてすぐにボウルにあける。表面にラップを張りつけ、保冷剤をのせる。ボウルごと氷水にあて、十分に冷やす。

＊熊谷裕子先生の好評既刊＊

初心者でもぜったい作れるレシピです
各定価：本体1,500円＋税

だれもが成功！	いきなりプロ級！	毎回、上手にふくらむ！	失敗なしの「改良レシピ」で しっとりふんわり！
はじめてのマカロン	はじめてのケーキ	はじめてのシュークリーム	はじめてのスポンジ菓子

おうちでプチ・パティシェ
各定価：本体1,500円＋税

菓子作りのステキ度アップをめざす
材料別
デコレーション・テクニック

もう焼きっぱなしは卒業
美味しく飾って
大人の焼き菓子

手作りのお菓子がプロ級の仕上がり！
コツとバリエ
デコレーション・マジック

手作り本格派の中級教科書
各定価：本体1,500円＋税

思いどおりに仕上げる配合のバランス
焼き菓子の食感テクニック

組み合わせの相乗効果で、さらにおいしく！
フルーツ菓子のテクニック

ベーシックなお菓子から最新アレンジまで！
バタークリームのテクニック

プラスワンで味も見た目もハイグレード
クッキー作りの美感テクニック

各定価：本体1,500円＋税　　各定価：本体1,600円＋税　　各定価：本体1,600円＋税

デコレーションを洗練させる下地作りのコツ
ケーキの美しさは、「土台」で決まります

食感、味、香りのステキ度が増すパーツ別テクニック
ケーキがおいしくなる「下ごしらえ」教えます

ひと味ちがったおいしさが作れる
焼き菓子アレンジブック

撮影
北川鉄雄

菓子製作アシスタント
田口竜基

レイアウト
中村かおり（Monari Design）

編集
オフィスSNOW（木村奈緒、畑中三応子）

好みの★形★味★デコレーションに！
ケーキ作りのアレンジテクニック

発行日　2019年10月13日　初版発行

著　者	熊谷裕子（くまがい ゆうこ）
発行人	早嶋 茂
制作者	永瀬正人
発行所	株式会社 旭屋出版
	〒160-0005
	東京都新宿区愛住町23-2
	ベルックス新宿ビルⅡ6階
編集部	電話 03-5369-6424
販売部	電話 03-5369-6423
	FAX 03-5369-6431
郵便振替	00150-1-19572

旭屋出版ホームページ
https://www.asahiya-jp.com

印刷・製本　株式会社 シナノ パブリッシング プレス

※許可なく転載・複写ならびにweb上での使用を禁じます。
※定価はカバーにあります。
※落丁本、乱丁本はお取り替えいたします。

ISBN978-4-7511-1397-4
©Yuko Kumagai/Asahiya Shuppan 2019, PRINTED IN JAPAN